¡Arriba!

Nuevos enfoques para ti

Arbeitsheft 1

C.C.Buchner

Nuevos enfoques para ti

Herausgegeben von Melanie Hohmann und Sabine Wolf-Zappek

Arbeitsheft 1

Bearbeitet von Anastasia Geringer, Susanne Bravo, Maria Ekwuazi, Nadine Gudat, Cornelia Guss, Melanie Hohmann, Jochen Marx und Meike Wünn unter Mitarbeit von Nadja Prinz

Bildnachweis

Juan Pablo Coca Pérez, Gines: 6, 10, 20 (2), 63, 71; DPA picture alliance/dpa Str.: 41; DPA picture alliance/dpa/Hubert Boesl: 9; DPA picture alliance/EFE/Alfredo Aldai: 9; DPA picture alliance/EFE/Felipe Trueba: 9; Fotolia/blende 64: 38; Fotolia/Jacek Chabraszewski: 18; Fotolia/Luis Carlos Jiménez: 56; Fotolia/Manuel Tennert: 63; Fotolia/Michael Chamberlin: 38; Fotolia/Starpics: 18; Fotolia/Yuri Arcurs: 38; Andreas Gerster, Bamberg: Umschlag (2), 18; Getty Images/Bongarts/Boris Streubel: 9; Getty Images/Matheisl: 69; Michaela Silvia Hoffmann, Braunschweig: Umschlag (5), 4 (2), 5, 6 (8), 9 (3), 10 (6), 12, 13 (4), 14 (4), 15, 16 (5), 18 (2), 20 (2), 21, 23 (6), 29, 30 (4), 32, 38 (8), 39, 40 (3), 43 (3), 44, 45, 46, 49 (6), 51 (7), 52, 53 (2), 55, 63 (4), 68; Melanie Hohmann, Petersberg: 31 (6) iStockphoto/Arthur Carl Franco: 38; iStockphoto/asiseeit: 14; iStockphoto/ermingut: 56 (2); iStockphoto/IsaacLKoval: 66; iStockphoto/Luxian: 5; iStockphoto/mirefa: 38; iStockphoto/Red Helga: 56 (4); iStockphoto/Rosen Dukov: 67; LAIF/themis/Patrick Frilet: 10; Nuria Alcalde Mato, Lanzarote: 47; Maximilian Scharf, Pödeldorf: 62; shutterstock/Kjpargeter: 59; Thinkstock/Creatas Images: 62; Thinkstock/Creatas/Jupiterimages: 62; Thinkstock/Design Pics: 30; Thinkstock/Digital Vision: 35; Thinkstock/Fuse: 35, 62, 66 (2), 71 (2); Thinkstock/Hemera/Benis Arapovic: 71; Thinkstock/Hemera/Daniil Kirillov: 35; Thinkstock/Hemera/Oleg Kozlov: 30; Thinkstock/iStock/ajafoto: 61; Thinkstock/iStock/Aleksandra Duda: 50; Thinkstock/iStock/alfernec: 35; Thinkstock/iStock/Anatolii Tsekhmister: 61; Thinkstock/iStock/a-wrangler: 62; Thinkstock/iStock/bajinda: 56 (4); Thinkstock/iStock/BetaplusZ: 66; Thinkstock/iStock/ClausAlwinVogel: 62; Thinkstock/iStock/cynoclub: 35; Thinkstock/iStock/deyangeorgiev: 56; Thinkstock/iStock/dolgachov: 64; Thinkstock/iStock/dvarg: 71; Thinkstock/iStock/egal: 50; Thinkstock/iStock/Eren Dündar: 50, 55; Thinkstock/iStock/feedough: 62; Thinkstock/iStock/gabrieldome: 50; Thinkstock/iStock/Evgeny Karandeev: 50; Thinkstock/iStock/Gomolach: 71; Thinkstock/iStock/Kitzzeh: 35; Thinkstock/iStock/LeventKonuk: 50; Thinkstock/iStock/Lidia Ryzhenko: 14; Thinkstock/iStock/Maceofoto: 50; Thinkstock/iStock/Magone: 50; Thinkstock/iStock/mapichai: 67; Thinkstock/iStock/Maris Zemgalietis: 50; Thinkstock/iStock/mtreasure: 18; Thinkstock/iStock/Pakhnyushchyy: 61; Thinkstock/iStock/photomaru: 61; Thinkstock/iStock/Valua Vitaly: 18; Thinkstock/iStock/william87: 71; Thinkstock/iStock/yotrak: 35; Thinkstock/iStockphoto: 45 (2), 55, 56; Thinkstock/Ivary: 71; Thinkstock/Photodisc/Digital Vision: 62; Thinkstock/Stockbyte/George Doyle: 38; Thinkstock/TongoRo Images: 67; Thinkstock/Zoonar/P. Malyshev: 14, 50, 55; Wikimedia/Aqadir4/CC BY-SA 4.0: 57; Wikimedia/Barcex/CC BY-SA 3.0: 59; Wikimedia/Berliner Mauer (09040271) von Stadtpoetin/CC BY-SA 3.0: 57; Wikimedia/CC BY-SA 3.0/© Thomas Wolf, www.foto-tw.de: 57; Wikimedia/Roberto/CC BY-SA 3.0: 66;

1. Auflage, 3. Druck 2019
Alle Drucke dieser Auflage sind, weil untereinander unverändert, nebeneinander benutzbar.

Dieses Werk folgt der reformierten Rechtschreibung und Zeichensetzung. Ausnahmen bilden Texte, bei denen künstlerische, philologische oder lizenzrechtliche Gründe einer Änderung entgegenstehen.

Die Mediencodes enthalten ausschließlich optionale Unterrichtsmaterialien. Auf verschiedenen Seiten dieses Buches finden sich Verweise (Links) auf Internetadressen. Haftungshinweis: Trotz sorgfältiger inhaltlicher Kontrolle wird die Haftung für die Inhalte externer Seiten ausgeschlossen.

© 2016 C.C. Buchner Verlag, Bamberg
Das Werk und seine Teile sind urheberrechtlich geschützt. Jede Nutzung in anderen als den gesetzlich zugelassenen Fällen bedarf der vorherigen schriftlichen Einwilligung des Verlags. Das gilt insbesondere auch für Vervielfältigungen, Übersetzungen und Mikroverfilmungen.
Hinweis zu § 52 a UrhG: Weder das Werk noch seine Teile dürfen ohne eine solche Einwilligung eingescannt und in ein Netzwerk eingestellt werden.
Dies gilt auch für Intranets von Schulen und sonstigen Bildungseinrichtungen.

Muttersprachliche Beratung: Alicia González Mangas
Layout und Satz: tiff.any GmbH, Berlin
Illustrationen: Katja Rau, Berglen
Druck und Bindung: creo Druck & Medienservice GmbH, Bamberg

www.ccbuchner.de

ISBN 978-3-661-**80041**-7

Queridos alumnas y alumnos:
Liebe Spanischlerner/innen,

dieses Arbeitsheft bietet euch vielfältige Möglichkeiten, die Inhalte aus eurem Schülerbuch zu vertiefen. Es besteht aus drei Teilen:

- Der erste – und größte – Teil besteht aus weiteren Übungen, die ihr parallel zum Schülerbuch bearbeiten könnt.
- Im zweiten Teil findet ihr Tandemaufgaben. Diese könnt ihr jeweils zu zweit bearbeiten, wenn ihr die zugehörige Lektion abgeschlossen habt und Wortschatz/Grammatik/temas de conversación schon beherrscht. Zunächst lest ihr gemeinsam den Einleitungssatz. Dann knickt ihr die Seite in der Mitte oder deckt die Hälfte ab, so dass ein Teilnehmer nur die linke und der andere nur die rechte Spalte sieht. Euer jeweiliger Text ist farbig unterlegt; der Partner sieht gleichzeitig die Lösung und kann, falls nötig, helfen oder verbessern. Anschließend tauscht ihr die Rollen.
- Der dritte Teil heißt „Mi portfolio de lenguas". Diese Seiten könnt ihr heraustrennen und in einen Ordner einheften, den ihr in den nächsten Jahren behalten und immer weiter füllen werdet. Er soll nämlich eure Fortschritte beim Spanischlernen für euch sichtbar machen. In diesen Ordner heftet ihr ein, was im Spanischunterricht entstanden ist: Texte, Dialoge, Bilder, Flyer... Wenn ihr Ton- oder Videodateien erstellt habt, brennt sie doch auf CD und heftet sie mit einer passenden Beschriftung ebenfalls ab. Außerdem könnt ihr selbst überprüfen, auf welcher Sprachlernstufe ihr seid. Die EU hat sich dazu gemeinsam insgesamt sechs Stufen überlegt, die ihr in jeder Sprache erreichen könnt. Ihr könnt selbst überprüfen, wann ihr eine Stufe erreicht habt und was ihr benötigt, um auf die nächste zu kommen. Am Ende des ersten Lernjahres haben viele von euch wahrscheinlich schon die erste Stufe erreicht, deshalb findet ihr hinten eine Tabelle zu dieser Stufe: A1. ¡Felicidades!

Übrigens: auf der Innenseite des Umschlages ganz hinten im Heft findet ihr ein Fehlerlineal, das euch dabei hilft, Fehler zu vermeiden oder zu verbessern. Werft doch gleich mal einen Blick darauf! Die rechte Spalte könnt ihr abschneiden und in euer Buch oder euer Heft legen.
Und nun: Ganz viel Spaß beim Spanischlernen!

Este es el cuaderno de ejercicios de
_____

Estoy en el curso
_____

Mi instituto se llama
_____

Mi profesor/profesora es
_____

A Sevilla es …

Capítulo 1

1 ¿Qué es España para Daniel? ¿Qué es España para el taxista Juan? Suche die versteckten Wörter und finde heraus, was Spanien für Daniel und für Juan bedeutet.

Para mí, España es …
1. Fútbol
2. Helados
3. Música
4. Barça
5. Playa
6. Sol

S	U	F	Ú	T	B	O	L
B	I	V	Y	O	L	S	F
A	G	B	O	P	Z	T	I
R	E	I	F	L	U	N	D
Ç	M	A	S	A	R	I	W
A	D	I	T	Y	V	S	I
K	H	E	L	A	D	O	S
T	U	L	E	D	O	L	E
M	A	C	H	A	C	U	L
M	Ú	S	I	C	A	M	E

F	A	B	R	A	S	U	T
L	F	A	M	I	L	I	A
A	I	C	H	O	A	D	P
M	N	S	L	A	D	A	A
E	F	A	M	I	G	O	S
N	B	W	A	V	O	L	V
C	U	D	R	I	V	O	L
O	O	C	H	O	P	U	E
M	Ú	S	I	C	A	C	U
E	R	N	V	C	A	M	X

Para mí, España es …
1. Familia
2. Amigo
3. Ocho
4. Música
5. Flaminco
6. Tapas

4 cuatro

¡Bienvenidos a Sevilla! 1

2 ¿Y para ti? ¿Qué es España para ti? Diese Seite kannst du selbst gestalten! Schreibe, male, klebe, zeichne… Viel Spaß!

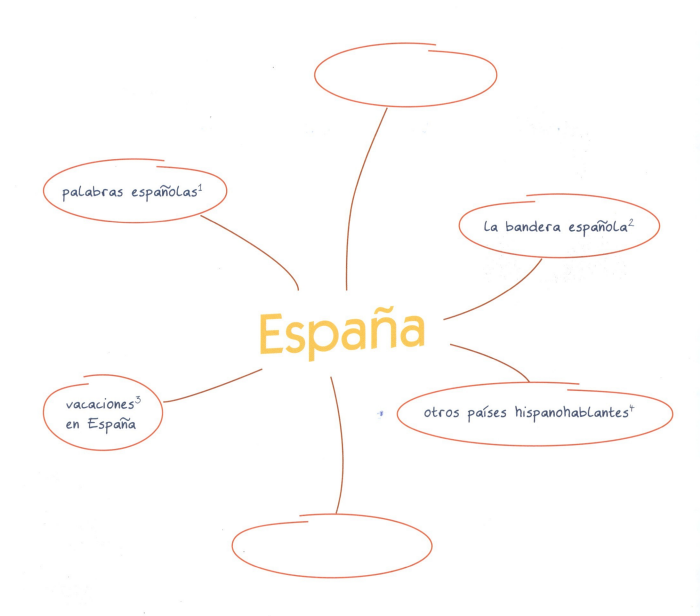

¿Qué es España para ti?

[1] las palabras españolas spanische Wörter,
[2] la bandera española die spanische Flagge,
[3] las vacaciones die Ferien,
[4] otros países hispanohablantes andere Länder, in denen man Spanisch spricht

cinco 5

A Sevilla es …

3 Hola, ¿qué tal? Escribe cómo están estas personas. Schreibe, wie es den Personen geht.

regular   _muy bien_   _muy mal_   _muy bien_   _regular_

4 Completa los diálogos. Vervollständige die Dialoge.

Hola, ¿qué _tal_ ?

¡Guau, guau!

¿Cómo? _no entiendo_.

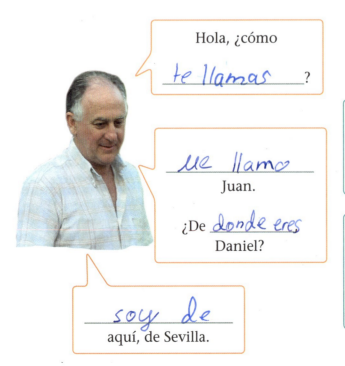

Hola, ¿cómo _te llamas_ ?

Me llamo Juan.

¿De _donde eres_ Daniel?

soy de aquí, de Sevilla.

Me llamo Daniel. ¿Y _tú_ ?

soy de Düsseldorf. ¿Y _tú_ ?

¡Arriba!

Nuevos enfoques para ti

Arbeitsheft 1

Lösungen

C.C.Buchner

Capítulo 1

A Sevilla es …

1 1. Daniel: el fútbol 2. el Barça 3. los helados
4. la playa 5. el sol 6. la música

S	U	F	Ú	T	B	O	L
B	I	V	Y	O	L	S	F
A	G	B	O	P	Z	T	I
R	E	I	F	L	U	N	D
Ç	M	A	S	A	R	I	W
A	D	I	T	Y	V	S	I
K	H	E	L	A	D	O	S
T	U	L	E	D	O	L	E
M	A	C	H	A	C	U	L
M	Ú	S	I	C	A	M	E

2. el taxista: 1. la familia 2. el flamenco
3. las tapas 4. los amigos 5. el mar 6. la música

F	A	B	R	A	S	U	T
L	F	A	M	I	L	I	A
A	I	C	H	O	A	D	P
M	N	S	L	A	D	A	A
E	F	A	M	I	G	O	S
N	B	W	A	V	O	L	V
C	U	D	R	I	V	O	L
O	O	C	H	O	P	U	E
M	Ú	S	I	C	A	C	U
E	R	N	V	C	A	M	X

2 Individuelle Schülerlösung

3 Está: así así, muy bien, mal, bien, regular

4 Hola, ¿qué **tal**?; ¿Cómo? **No entiendo**.

Hola, ¿cómo **te llamas**? – **Me llamo** Daniel. ¿Y tú/**usted**? – **Me llamo** Juan. ¿De **dónde eres**, Daniel? – **Soy** de Düsseldorf. ¿Y tú/**usted**? – **Soy** de aquí, de Sevilla.

Hola, ¿cómo **te llamas**? – Hola, **me llamo** Sancho Panza. ¿Y tú/**usted**? – **Me llamo** Don Quijote. – ¿Y **de dónde eres**/**es**, Don Quijote? – **Soy** de la Mancha.

5 **a.** [θ] cine, pronuncia, plaza, baloncesto, centro
[k] cómo, escucha, escribe, canta, caramelo, parque
[g] gaucho, pregunta, gol
[x] gente, gitano

c. Vor den Buchstaben **a, o und u** wird das „c" wie **das deutsche „k"** ausgesprochen und vor e und i wird es wie **das „th" im Englischen** ausgesprochen. Das „qu" wird immer wie „k" ausgesprochen, das „z" wie **ein gelispeltes „s"**. Das „g" wird vor **a, o und u** wie **das deutsche „g"** ausgesprochen und vor e und i wie **im deutschen „auch"**.

6 **a.** 1. ciudad 2. bocadillo 3. estuche 4. verdura 5. cumpleaños

b. 1. Stadt 2. belegtes Brötchen 3. Mäppchen 4. Gemüse 5. Geburtstag

8 **a.** Shakira Isabel Mebarak Ripoll, Lionel Andrés Messi Cuccittini, Xabi Alonso Olano, Penélope Cruz Sánchez

9 Maider: bien; Amparo: regular; Sevilla: súper bien; Miguel: muy mal; Javi: muy bien; Jaume: bien

B Un paseo por Sevilla

1 el Parque de María Luisa, la abuela, el café/el restaurante, el fútbol, las amigas/las chicas, el flamenco, la playa/el mar, la Plaza de España

2 el profesor/la profesora, el chico/la chica, el español/la española, el abuelo/la abuela, el gato/la gata, el compañero/la compañera, el hermano/la hermana, el alemán/la alemana

3 **a + b.** **sustantivo + s:** la familia – las familias, el café – los cafés, la música – las músicas, la heladería – las heladerías, el río – los ríos, la torre – las torres, la tele – las teles

sustantivo + es: el alemán – los alemanes, el hotel – los hoteles, el bar – los bares

V	D	I	E	B	M	C	O	F	U	Q	P
L	L	H	F	A	M	I	L	I	A	R	R
A	S	O	L	R	Q	S	I	E	M	É	C
I	O	T	M	N	W	M	Ú	S	I	C	A
Y	K	E	Z	A	C	U	V	T	X	E	F
H	E	L	A	D	E	R	Í	A	P	T	É
A	L	E	M	Á	N	T	R	Y	L	L	G
G	S	F	I	A	T	R	L	B	F	U	U
T	O	A	S	R	R	Í	O	V	C	Z	U
A	B	R	W	T	O	R	R	E	J	N	D

4 1: –Hola, ¿**qué tal**?
–Muy bien, gracias. ¿Y **tú**?
–Bien, gracias.

2: –Hola, ¿**cómo** te llamas?
– **Me llamo** Nicolás.

3: –¿Qué es Sevilla **para ti**?
– Para mí, Sevilla es la **Torre** del Oro, el **Puente** de Triana y el **río** Guadalquivir.

4: –¿De **dónde** eres?
– **Soy** de Barcelona.
¿**Y tú**?
–Yo **también** soy de Barcelona.

Los nuevos chicos del barrio 2

5 Individuelle Schülerlösung

6 Sevilla: un bar, iglesias, cafés, plazas, parques, palmeras, puentes, animales, un río, torres

7 **España:** la familia, la playa, el mar, el sol, las tapas, el fútbol …

Lugares: Sevilla, Düsseldorf, la torre, la plaza, el café, el parque, el restaurante, el museo, el teatro …

presentarse: Soy de … Me llamo … Hola, ¿cómo … ? ¿Y tú? ¿De dónde … ? ¿Qué tal? → bien, muy bien, súper bien, así así, regular, mal, muy mal …

Capítulo 2
A Los nuevos chicos del barrio

1 Álvaro – Pablo – Nicolás – Daniel

2 6:30: buenos días; 17:15: buenas tardes; 22:00: buenas noches; 13:20: buenos días

3 ocho, nueve, once, doce, trece, catorce, quince, diecisiete, dieciocho, diecinueve, veinte

4 tres amigas/chicas, una torre, seis amigos/chicos, dos cafés, cinco amigos/chicos, un café/un restaurante, tres gatos, dos soles

6 **a.** yo tengo, tú tienes, él/ella/usted tiene, nosotros/as tenemos, vosotros/as tenéis, ellos/as/ustedes tienen

b. Tengo, tiene, tiene, tiene, tienen, Tengo, tenéis

7 1. Mi amigo no es de Sevilla. 2. No, no tengo hermanos pero tengo una mascota.
3. En casa nosotros no hablamos alemán.
4. Para mí, España es la playa, la paella y el Barça. 5. ¿Cómo? No entiendo. No hablo español. Hablo alemán y turco.

8 **a.** **hablar:** nosotros/as hablamos, ellos/as/ustedes hablan, yo hablo, tú hablas, él/ella/usted habla, vosotros/as habláis
tener: vosotros/as tenéis, tú tienes, nosotros/as tenemos, yo tengo, él/ella/usted tiene, ellos/as/ustedes tienen

b. Individuelle Schülerlösung

9 llama, habla, llaman, hablan, habla, hablan, llama, Habla, llamo, hablamos

10 Individuelle Schülerlösung

11 Nuria – 12 años, dos hermanas; Inma, España; Hasret – Marruecos; Felipe – un gato; Iñaki – Bilbao (no necesitas: la chica con el conejo, cinco gatos)

B Nuestras mascotas

1 1. Estos 2. Este 3. Este 4. Estas 5. Estos 6. Esta

2 sois, somos, Soy, es, es, es, es, son, son, son, es, es

3 Lösungsvorschlag:
Este es Daniel. Es de Düsseldorf. Tiene doce años. Tiene una hermana melliza, Sofia, y tiene un perro, Speedy. – Esta es Sofia. También es de Düsseldorf y tiene doce años. Tiene un hermano mellizo, Daniel, y tiene un perro, Speedy. – Estos son los padres de Daniel y Sofia. Se llaman Carmen Carrera Reyes y Gerald Dörfler. Tienen 39 y 43 años. – Este es Speedy, el perro de los Dörfler. Speedy tiene tres años y también es de Düsseldorf.

4 **b.** **Thema:** Haustiere; **Strategie:** unbekannte Wörter aus anderen Sprachen herleiten
Preis: nichts; **Strategie:** z.B. Kontext
Hauptthema: Beförderung von Haustieren; **Strategie:** z.B. unbekannte Wörter aus anderen Sprachen herleiten
weitere Themen: Raub von Haustieren, die Wahl des richtigen Haustiers; **Strategie:** z.B. Kontext, Wortfamilie
weitere Informationen: die Monate der Veröffentlichung, die Adresse der Webseite, auf welcher Seite die genannten Themen zu finden sind, die wievielte Ausgabe dies ist; **Strategie:** z.B. unbekannte Wörter aus anderen Sprachen herleiten, Kontext

5 tienen, es, eres, soy, hablo, hablas, es, hablas, es, sois, Somos, tiene, hablas, es, son, es, habla, te llamas, Me llamo, Soy

6 ¿Cómo eres?/¿Cómo son Daniel y Sofia?/¿Cómo se llama tu hermano?/¿Cómo se dice "perro" en alemán?; ¿Qué idiomas hablas?/¿Qué es Alemania para ti?; ¿Cuántos idiomas hablas?/¿Cuántas mascotas tienes?/¿Cuántos hermanos tienes?; ¿De dónde eres?/¿De dónde son Daniel y Sofia?

7 Individuelle Schülerlösung

Lösungen

8 Yo soy de Sevilla … tengo once años … hablo muy bien el español … no soy de Sevilla. Mi hermano y yo cenamos en el restaurante "Tío Pepe" … somos mellizos … somos de Sevilla … tenemos once años. Tú y tu amigo cenáis en el restaurante "Tío Pepe" … sois mellizos … sois de Sevilla. Daniel y Sofia cenan en el restaurante "Tío Pepe" … son mellizos. Tú eres de Sevilla … tienes once años. El perro de Pablo es de Sevilla … se llama Chulo.

9 1. Ana, Lola y Sam
2. Sam piensa que una de las chicas también se llama Sam; Sam no habla bien el español; Sam dice que él se llama Ana; Sam piensa que una de las chicas es de América.

Capítulo 3
A El primer día de clase

1 Daniel y Sofia: 3, 5, 8; Sofia: 4; Laura: 7, 9; Lupe: 2; Alicia: 11; los alumnos: 1, 6, 10

2 1. ¿Perdón/Cómo? No entiendo. 2. No tengo los deberes. 3. Gracias. 4. Tengo una pregunta. 5. No tengo el libro. Está en casa. 6. ¿Cómo se dice cuaderno en alemán?

3 1 la esponja, 2 el sacapuntas, 3 la tiza, 4 el cuaderno, 5 la pizarra, 6 la calculadora, 7 la silla, 8 la ventana, 9 la mesa, 10 el mapa, 11 la pared, 12 el lápiz, 13 la carpeta, 14 la puerta, 15 el suelo, 16 la papelera

4 1. estuche 2. pluma 3. borratintas 4. papelera 5. sacapuntas 6. pizarra 7. cuaderno 8. calculadora → **Solución: el recreo**

5 Leed el texto. Escribid las palabras en el cuaderno. Haced el ejercicio cuatro. Trabajad en pareja. Sacad el libro. Abrid el libro.

6 a. 1. Sofia y Daniel tienen un estuche. 2. Yo tengo un cuaderno. 3. Álvaro tiene un borratintas. 4. Ellas tienen un boli. 5. Tú tienes una goma de borrar. 6. Vosotros tenéis un libro
b. Individuelle Schülerlösung

7 Individuelle Schülerlösung

8 **leer:** yo leo, tú lees, él/ella/usted lee, nosotros/as leemos, vosotros/as leéis, ellos/ellas/ustedes leen
escribir: yo escribo, tú escribes, él/ella/usted escribe, nosotros/as escribimos, vosotros/as escribís, ellos/ellas/ustedes escriben

9 **vivir:** yo vivo, tú vives, él/ella/usted vive, nosotros/as vivimos, vosotros/as vivís, ellos/ellas/ustedes viven
beber: yo bebo, tú bebes, él/ella/usted bebe, nosotros/as bebemos, vosotros/as bebéis, ellos/ellas/ustedes beben
abrir: yo abro, tú abres, él/ella/usted abre, nosotros/as abrimos, vosotros/as abrís, ellos/ellas/ustedes abren

10 Tengo/Tenemos, es, Hay, son, viven, Son, tienes/tenéis, tengo/tenemos

11 1. la clase de geografía 2. los chicos 3. la pausa 4. un boli.

B En el recreo

1 1. Miriam 2. grupo musical 3. vídeos del colegio 4. bocadillos de tortilla, bollos y buñuelos 5. en el aula de informática 6. flamenco 7. al lado del comedor

2 la cafetería, el baño, el aula de música, el salón de actos, el aula de informática, el laboratorio, el gimnasio, la clase/el aula

3 yo estoy, tú estás, él/ella/usted está, nosotros/as estamos, vosotros/as estáis, ellos/ellas/ustedes están

E	S	T	A	M	O	S	A	E	Á
M	O	S	T	A	E	S	T	S	S
T	Á	S	O	Y	E	T	M	T	E
O	E	S	T	O	Y	E	S	Á	T
M	S	E	S	Á	E	S	T	I	I
I	T	M	O	E	S	T	Á	S	T
T	M	O	S	E	S	Á	Á	S	I
M	N	O	S	T	O	N	A	S	E
E	S	E	S	T	Á	M	T	I	S
E	S	T	M	O	S	M	T	A	S

4 Vosotros estáis en el instituto. La madre está en casa. Yo estoy en clase. Sofia y yo estamos en el comedor. Los amigos de Sofia y Daniel están en Sevilla. Y tú, ¿estás en la biblioteca? …

5 estás, Estoy, estás, Estoy, están, estamos, estoy, está, está, estáis

6 ¿Cuántos libros hay en la mesa? – Hay cuatro libros. ¿Cuántos bolis hay en la mesa? – Hay tres bolis. ¿Cuántas calculadoras hay en la mesa? – Hay dos calculadoras. ¿Cuántos borratintas hay en la mesa? – Hay dos borratintas. – ¿Cuántas gomas de borrar hay en la mesa? – Hay cinco gomas de borrar. ¿Cuántas plumas hay en la mesa? – Hay cuatro

B Un amigo para Speedy

plumas. ¿Cuántos lápices hay en la mesa? – Hay tres lápices. ¿Cuántos sacapuntas hay en la mesa? – Hay dos sacapuntas.

7 hay, hay, está, hay, Hay, están, hay, hay, está

8 Individuelle Schülerlösung

9 1. El colegio es muy grande. Hay muchas aulas. Y hay un comedor muy grande. 2. Hay bocadillos. 3. El gimnasio está a la izquierda del colegio. 4. Daniel necesita un boli y dos carpetas. Sofia necesita un cuaderno y una calculadora.

10 Individuelle Schülerlösung

Capítulo 4
A Somos una familia

1 Solución: TRANQUILO

2 abuelo, hermano, prima, hijos, padre, tío, abuela, tía, nieto, madre

h	b	a	b	u	e	l	o	e	p
p	i	e	h	e	r	m	a	n	o
r	q	a	i	c	q	f	i	t	m
i	c	f	j	i	p	a	d	r	e
m	t	í	o	v	a	b	n	h	t
a	u	e	s	h	s	u	i	a	í
l	s	g	a	n	i	e	t	o	a
s	m	a	d	r	e	l	t	q	s
q	g	l	u	p	v	a	s	u	g

3 Lösungsvorschlag:
divertida, morena, simpática – tranquilo, rubio, guapo – gordito, divertido, moreno, simpático – delgada, guapa – rubia, triste, guapa – divertido, moreno, guapo, simpático

4 a. (von links nach rechts)
Santiago, Alejandro, Mara, Jazmín; Alejandra y Rodrigo; Valeria y Paty; dos bebés/gemelas; Sebastián; Orlando, Érica y Camila

b. 1. falso: Lupe tiene 13 primos. 2. correcto 3. falso: Las hijas de Rodrigo son bebés. 4. falso: Camila es súper lista y muy guapa. 5. falso: Valeria es la madre de Sebastián. 6. correcto 7. correcto 8. correcto

5 pequeño, bonito, muchos, bonita, simpáticos, Muchos, simpáticos, cariñosos, interesante

6 a. rubio, gordito, pequeña, delgada, morena, guapa

b. Individuelle Schülerlösung

7 1. Su familia baila mucho en las fiestas.
2. Mi madre es de España. 3. Sus abuelos son muy simpáticos. 4. Su perro es un poco loco.
5. Nuestra casa es grande. 6. Tu tía vive en Málaga. 7. Vuestra prima favorita se llama Claudia. …

8 1. 95 – 22 – 61 – 57 – 2;
2. 95 – 26 – 80 – 76 – 5;
3. 95 – 44 – 67 – 13 – 1;
4. 95 – 43 – 91 – 30 – 8

9 1. **57**, 2. **65**, 3. **61**, 4. **32**, 5. **11**, 6. **15**, 7. **14**, 8. **40**

11 soluciones correctas: 1. cien 2. dieciocho 4. ochenta y uno 8. once 9. ocho 10. diecinueve 12. ochenta

B Un amigo para Speedy

1 1. muchos animales diferentes como gallinas, cabras, cerdos, pavos y ovejas 2. tiene nuevos amigos 3. está solo y triste porque no tiene amigos en casa 4. un nuevo amigo/un compañero 5. animales de campo, no de ciudad 6. y los animales pequeños para él no son compañeros interesantes

2 los peces:
+ son muy tranquilos, hacen cosas súper graciosas, son interesantes, no hacen mucho caos, no es mucho trabajo
– a veces son un poco aburridos, siempre están en su acuario

los cerdos:
+ son súper chulos, comen de todo y se ponen muy alegres cuando les das de comer, los cerdos pequeños son geniales cuando hacen "oing, oing", los cerdos son animales muy listos
– no son mascotas típicas porque normalmente viven en el campo, hacen mucho trabajo

3 a. la oveja, el perro, el gato, el pavo, la cabra, el cerdo, el conejo, la gallina, el ratón

o	v	e	j	a	h	u	l	g	c
p	a	v	p	r	u	i	s	a	r
e	c	l	n	i	d	c	v	t	f
r	m	p	d	s	m	e	e	o	g
r	a	a	c	a	b	r	a	d	a
o	n	v	l	l	p	d	s	p	l
a	c	o	n	e	j	o	l	a	l
r	q	c	a	g	v	c	i	q	i
s	p	a	n	e	r	a	t	ó	n
i	n	p	l	a	r	m	v	s	a

Lösungen

b. 1–E, 2–D, 3–A, 4–C, 5–F, 6–B, 7–G

4 1. triste 2. divertido 3. genial 4. aburrido 5. gracioso 6. nuevo

5 gordito ≠ delgado, activo ≠ tranquilo, triste ≠ alegre, grande ≠ pequeño, moreno ≠ rubio, gracioso ≠ aburrido, alto ≠ bajo, falso ≠ correcto

6 a. 1. es 2. es 3. es 4. son

b. 1. está, Está 2. está 3. está, está 4. estáis

7 Lösungsvorschlag:
Pablo siempre es alegre pero hoy está triste. Miriam a veces está aburrida pero normalmente es graciosa. Laura y yo a veces estamos tranquilas pero normalmente somos activas. Nicolás y tú hoy estáis locos pero normalmente sois simpáticos. …

8 es, escribe, leen, preguntan, son, viven, comen, beben, Tienes, Miramos, son

9 Individuelle Schülerlösung

10 a. Se llama "MundoPark" porque hay animales de todo el mundo.

b. Individuelle Schülerlösung

Capítulo 5
A En el polideportivo

1 1–N, 2–K, 3–L, 4–E, 5–F, 6–B, 7–H, 8–D, 9–I, 10–J, 11–M, 12–A, 13–C, 14–G

2 1. nadar 2. leer 3. chatear por internet 4. hacer ciclismo

3 Individuelle Schülerlösung

4 a.

	Le gusta	Le gusta mucho	No le gusta	No le gusta nada
A Daniel	el helado/ ir a la heladería jugar al fútbol			
A Sofía	el deporte	el baloncesto el grupo La Oreja de Van Gogh	la nueva canción de La Oreja de Van Gogh	
A María	la música	escuchar música Daniel	la nueva canción de La Oreja de Van Gogh	el deporte
A Nicolás		jugar al fútbol		

	Les gusta	Les gusta mucho	No les gusta	No les gusta nada
A las chicas	el helado/ ir a la heladería			
A los chicos	jugar al fútbol			

5 a. 1 Me encanta(n). 2 Me gusta(n) mucho. 3 Me gusta(n) bastante. 4 Me gusta(n). 5 No me gusta(n). 6 No me gusta(n) nada.

b. Individuelle Schülerlösung

6 Individuelle Schülerlösung

7 Individuelle Schülerlösung

8 a. nos, les, le, me, me, le, le, me, te

b. Individuelle Schülerlösung

9 voy, va, vais; haces, hacemos, hacen; juego, jugamos, jugáis

B	F	H	U	V	A	T	O
Z	J	U	G	A	M	O	S	E
Q	K	L	P	M	I	U	C	U
I	V	D	V	O	Y	L	J	R
H	A	C	E	S	R	T	U	M
E	I	V	F	H	A	C	E	N
W	S	N	V	X	L	A	G	O
R	E	H	A	C	E	M	O	S
O	J	U	G	Á	I	S	Z	L

faltan: vas, vamos, van; hago, hace, hacéis; juegas, juega, juegan

10 b. Lösungsvorschlag:
Vosotros tocáis la guitarra. Tú no hablas mucho. Él escribe un correo a su amiga. Yo abro la puerta. Nosotros leemos un texto muy interesante. Ellos ven la tele en casa de Pablo.

11 Individuelle Schülerlösung

12 a. Individuelle Schülerlösung

b.

	le gusta	no le gusta
Leire	• pasar el tiempo con su familia y sus amigos • ir al cine • quedar en casa de alguien • hablar y tomar un café • cantar • descansar en casa • ver la tele • hablar por teléfono	• hacer deporte
Xabi	• pasar el tiempo en familia • estar en la naturaleza • caminar o correr en el bosque	

B Una fiesta en casa **6**

	le gusta	no le gusta
Álvaro	• ir a la playa • escuchar el mar • nadar	
Haritz	• el fútbol • la música	

c. Individuelle Schülerlösung

B ¿Quedamos el fin de semana?

1 El resumen correcto: 1.

2 b. 1. quiero 2. encuentra 3. entendemos, podemos 4. Entiendes, Puedes

3 Individuelle Schülerlösung

4 a. 1. 2:00, 2. 13:30, 3. 11:45, 4. 12:15, 5. 5:30, 6. 10:15, 7. 21:30

b. lunes, martes, miércoles, jueves, viernes, sábado, domingo

5 1. El lunes Carmen va al instituto **a las ocho y media**. 2. correcto 3. A las cuatro de la tarde Carmen llega a casa y **descansa** un poco. 4. A las **cinco de la tarde** Carmen tiene clase de **guitarra**. 5. A las ocho de la noche Carmen **come con sus padres**. Después **chatea con sus amigos** en internet y hace los deberes. 6. correcto

6 Individuelle Schülerlösung

7 a. 1. Quedan el sábado a las cuatro y cuarto. 2. Van al polideportivo. 3. Está un poco loco y es bastante pesado. Con su madre es cariñoso. 4. Están Pablo y Nicolás.

8 Individuelle Schülerlösung

9 mis, mi, mis, mi/nuestra, Tu/Vuestra, mi, su, mi, tu, su, mi, tus, tu

Capítulo 6
A ¡Qué lío!

1 1. La familia desayuna **en casa**. 2. correcto 3. Al lado del escritorio, Daniel quiere poner la estantería con sus **videojuegos**. 4. A Daniel **no le gusta** hablar sobre la escuela los sábados. 5. Sofía necesita **una lámpara**. 6. Daniel busca su móvil porque quiere **leer sus mensajes**. 7. correcto 8. correcto

2 Individuelle Schülerlösung

3 Individuelle Schülerlösung

4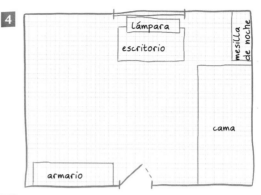

5 pueden, quieren, tienen que, quieres, quiero, puedo, puede, quieres, puedo, tengo que, podemos

6 están, son, están, son, están, Está, están, es, son

7 a. 1. Todas las mañanas 2. toda la mañana 3. Todos los lunes 4. Todos los alumnos 5. Todos 6. todo el fin de semana 7. todo

b. Individuelle Schülerlösung

B Una fiesta en casa

1 b. 1. diciembre 2. octubre 3. febrero 4. septiembre 5. noviembre

2 2. el diecinueve de marzo 3. el once de abril 4. el siete de julio 5. el veinte de mayo 6. el quince de agosto 7. el tres de junio

3 1. Están organizando una fiesta. 2. Decoración, dulces y bebidas. 3. Quieren comprar pizza en un restaurante. 4. Porque los padres están haciendo algo y Daniel tiene que estar en silencio.

4 1. María y Nicolás están hablando/charlando. 2. Daniel y Álvaro están jugando al fútbol. 3. Álvaro está hablando por teléfono. 4. Daniel y Speedy están jugando en el jardín. 5. Sofía está leyendo (en) un libro. 6. Lupe está leyendo sus mensajes/está escribiendo un mensaje en su móvil.

5 1. En casa de los Dörfler los mellizos están haciendo sus deberes.
2. La madre está trabajando y el padre está jugando con Speedy.
3. En casa de los abuelos el abuelo está leyendo un libro.
4. La abuela está cocinando.
5. En el colegio de los mellizos en Düsseldorf los alumnos están leyendo en el libro de español.
6. La profesora está escribiendo algo en la pizarra.

Lösungen

6 1. el 2 de octubre 2. Quiere invitar a los mellizos a su fiesta de cumpleaños. 3. una pizza que prepara el papá de Laura 4. Lleva unos CDs. 5. el 21 de octubre 6. Laura le manda un mensaje a Sofia con la dirección.

7 Individuelle Schülerlösung

8 ensalada, espaguetis, limonada, hamburguesa, mayonesa, mermelada, cacao, ketchup, tomate, muesli, queso

H	T	I	M	A	T	E	E	T	R	I	M
A	I	J	O	Q	U	E	S	O	M	N	E
M	U	Q	W	I	B	C	P	M	J	M	R
B	B	X	E	N	S	A	L	A	D	A	M
U	V	M	S	K	O	P	A	T	Q	Y	E
R	Y	R	P	I	K	F	B	E	I	O	L
G	N	U	A	C	A	C	A	O	Z	N	A
U	R	T	G	E	V	B	I	O	P	E	D
E	M	L	U	O	P	Y	R	M	N	S	A
S	P	K	E	T	C	H	U	P	Z	A	I
A	B	H	T	U	H	O	M	V	Y	O	P
Q	U	L	I	M	O	N	A	D	A	K	I
M	U	E	S	L	I	U	N	E	I	N	E

Capítulo 7
A Un día normal en la vida de Sofia

1 1. 7:15 – foto 2, 2. 7:30 – foto 6,
3. 8:00 – foto 4, 4. 14:20 – foto 7,
5. 14:30 – foto 3, 6. 16:00 – foto 8,
7. 16:45 – foto 1, 8. 18:15 – foto 5

2 1. De lunes a viernes Sofia se levanta a las siete.
2. Sofia se ducha por la mañana y Daniel se ducha por la tarde, antes de dormir.
3. El padre tiene que trabajar. Es piloto.
4. Normalmente desayuna pan con mermelada o magdalenas, zumo de naranja, un plátano y a veces bebe un café con mucha leche.
5. Sofia tiene clases desde las ocho y media hasta las tres.
6. Sofia almuerza en el comedor de su colegio a las tres, después de las clases.
7. En su tiempo libre Sofia lee libros, escucha música, toca la guitarra y juega al baloncesto.
8. El Club Baloncesto Sevilla juega en la principal liga española de baloncesto profesional. Es un equipo bastante bueno.
9. A las nueve y media Sofia cena.
10. Sofia se acuesta a las diez y media.

3 1. levantarse 2. pelearse 3. ducharse 4. cepillarse 5. preferir 6. salir 7. terminar 8. almorzar 9. acostarse 10. peinarse 11. dormirse

l	e	v	a	n	t	a	r	s	e	t
p	ñ	a	c	l	o	p	f	a	g	e
r	n	c	o	c	m	i	w	l	h	r
e	x	r	s	m	o	o	q	i	j	m
f	l	y	t	ñ	s	p	r	r	a	i
e	s	r	a	e	l	e	p	z	r	n
r	d	o	r	m	i	r	s	e	a	a
i	u	e	s	r	a	h	c	u	d	r
r	t	p	e	i	n	a	r	s	e	ñ
l	c	e	p	i	l	l	a	r	s	e

4 a. Me, se, se, se, nos, Nos, me, me, me, nos, te, os

b. Individuelle Schülerlösung

5

infinitivo	despertarse	preferir
yo	me despierto	prefiero
tú	te despiertas	prefieres
él/ella/usted	se despierta	prefiere
nosotros/as	nos despertamos	preferimos
vosotros/as	os despertáis	preferís
ellos/as / ustedes	se despiertan	prefieren

infinitivo	dormir	acostarse
yo	duermo	me acuesto
tú	duermes	te acuestas
él/ella/usted	duerme	se acuesta
nosotros/as	dormimos	nos acostamos
vosotros/as	dormís	os acostáis
ellos/as / ustedes	duermen	se acuestan

6 a. me levanto, me ducho, desayuno, bebo, salgo, charlo, hago, empiezan, comemos, termina, Vuelvo, Ceno, veo, Me cepillo, me acuesto

7 Individuelle Schülerlösung

8 Individuelle Schülerlösung

B Un fin de semana en familia

1 1. correcto 2. falso: "El Tío Pepe" es el bar favorito **de Sofia**. 3. falso: **El martes** Gerald tiene que volar a **Cuba**. 4. correcto 5. falso: La madre pide un bocadillo **de tortilla**. 6. correcto 7. La tortilla española lleva **huevos, patatas, cebolla, sal y aceite de oliva**. 8. correcto 9. **Después de hacer las compras** la familia quiere ir de tapas./Por la tarde quieren **ir al cine**. 10. correcto

A Triana mola mucho

2 El camarero: Buenos días, ¿qué te pongo?
Juan: Quiero desayunar.
El camarero: Aquí está el menú de desayunos.
Juan: Gracias. A ver … Quiero un bocadillo de jamón y queso.
El camarero: Muy bien. ¿Y para beber?
Juan: Un café con leche, por favor.
El camarero: ¿Algo más?
Juan: Por el momento no, gracias.

3 a, a, /, /, a, a, /, /, /, /, a, /

4 1. Esperad 2. Habla 3. Completad 4. Leed 5. Pon 6. Venid 7. Haz 8. Ten 9. Ve 10. Comed

5 1. Sé puntual./Sed puntuales. 2. Abre/Abrid el cuaderno. 3. Escribe/Escribid un mensaje. 4. Di/Decid la verdad. 5. Espera/Esperad a Juan. 6. Haz/Haced la cama.

6 Lösungsvorschlag:
tres frutas : naranja, plátano, manzana, …
tres verduras: tomate, cebolla, ajo, …
tres bebidas: café con leche, zumo, chocolate, …
lo que lleva la tortilla española: huevos, patatas, cebolla, aceite de oliva, sal

7 el queso, el zumo de tomate, el plátano

8 Lösungsvorschlag:
Primero pela un kilo de patatas y una cebolla. Después corta las patatas y la cebolla. Entonces calienta el aceite de oliva en una sartén y dora las patatas y la cebolla en la sartén. Ahora bate nueve huevos y pon 10 gramos de sal. Después echa los huevos sobre las patatas y la cebolla. Da la vuelta a la tortilla después de cinco minutos. Espera tres minutos antes de comer la tortilla.

9 a. Lösungsvorschlag:
- Madrid ist besonders bekannt für churros.
- Es gibt verschiedene Theorien über die Herkunft der churros, u.a.: Sie wurden in Katalonien zu Beginn des 19. Jahrhunderts erstmals gebacken./ Araber brachten die churros mit auf die Iberische Halbinsel.
- Das Geheimnis guter churros ist der Teig: in strenger Reihenfolge das Mehl mit dem Salz mischen und am Ende das kochende Wasser hinzugeben. Die gut gebundene Masse gibt man in die Churrera. Die Churros werden in reichlich heißem Öl frittiert, bis sie goldbraun sind.

b. Lösungsvorschlag:

Churros

Zutaten:
2 Tassen Weizenmehl (250 g)
2 Tassen Wasser (250 ml)
2 Prisen Salz
Pflanzenöl

Zuerst bringt man das Salzwasser zum Kochen und füllt das Mehl in eine Schüssel. Das kochende Wasser wird zum Mehl gegeben und mit einem Löffel solange verrührt, bis das ganze Mehl feucht ist. Die Masse muss dickflüssig sein. Dann erhitzt man reichlich Öl (mindestens einen Finger hoch) in einer Pfanne. Anschließend gibt man den Teig in die Churrera und frittiert die churros in Öl. Die churros werden nun mit Puderzucker bestäubt und nach Möglichkeit heiß gegessen.

Capítulo 8
A Triana mola mucho

1 1. antiguo, encantador, pueblo 2. el mercado; frutas, verduras, pescados, flores, cerámicas y muchas otras cosas 3. en el último pasillo del mercado 4. el centro de Sevilla, el barrio de Triana. 5. a la orilla del río Guadalquivir, de colores muy bonitos, son altas y estrechas 6. Iglesia de Santa Ana, impresionante 7. hay de todo, también hay cines, teatros y polideportivos (y todos los días conocen nuevos lugares bonitos).

2 a. El muro de Berlín en Alemania; el castillo de Neuschwanstein en Baviera (Alemania); el Burj Al Arab en Dubái

b. Lösungsvorschlag:
El muro de Berlín es muy largo y famoso. Es bastante bajo, pero muy ancho. El castillo de Neuschwanstein es antiguo e impresionante. Es encantador y muy famoso. El Burj Al Arab es estrecho y alto. Además es muy moderno.

3 a. 1. falso: El barrio de Aranjuez no es tranquilo, hay mucha gente y muchos coches.
2. falso: A la derecha hay una pizzería.
3. Correcto. 4. Correcto.

b + c. Individuelle Schülerlösung

Lösungen

4 a. 1. voy a la, en 2. van al, en 3. Voy al, en, en 4. voy al, a 5. vamos al, a

b. Individuelle Schülerlösung

5 a. mira – mirad, lee – leed, abre – abrid, pon – poned, ten – tened, ve – id, di – decid

6 Perdón, ¿para ir a …?;
Tienes que … ir/seguir todo recto, girar a la izquierda, girar a la derecha, cruzar la calle/la plaza, tomar la segunda calle a la derecha, tomar la tercera calle a la izquierda, ir hasta el cruce

7 Persona A: punto 2, el colegio San Fernando; Persona B: punto 1, el restaurante chino Zhen Bao

8 a. tomar, derecha, giras, izquierda, sigues/vas, tomas, calle a la derecha, todo recto, derecha

b + c. Individuelle Schülerlösung

B ¿Qué me pongo?

1 1. Los chicos quieren comprar camisetas de fútbol. 2. Le gustan las faldas y las blusas. 3. Las faldas cuestan 15 y 20 euros. 4. Sofia tiene la talla S. 5. La falda azul es demasiado corta. 6. Sofia se pone la blusa blanca. 7. Sofia compra la falda negra y la blusa blanca. Cuestan 25 euros.

2 1. azul 2. rojo 3. amarillo 4. verde 5. blanco 6. gris 7. marrón 8. violeta 9. rosa 10. (individuell)

3 1. la chaqueta marrón
2. el vestido naranja
3. el jersey rosa
4. las zapatillas blancas
5. la falda negra
6. los vaqueros azules
7. los pantalones verdes

4 1. nos ponemos, zapatillas 2. lleva, vestido rojo 3. se ponen, chaquetas 4. llevo, blusa amarilla, falda azul 5. me pongo, pantalones, camisa gris 6. te pones, jersey rosa, vaqueros blancos

5 1. formal 2. bonito 3. cómoda 4. feos 5. elegante 6. deportiva

6 1. ese 2. aquel 3. Esta, esos, aquellos 4. Esta, esa 5. este 6. esas, Ese, esa

7 Individuelle Schülerlösung

8 Individuelle Schülerlösung

9 Individuelle Schülerlösung

Capítulo 9
A ¿Adónde ir el fin de semana?

1 El voleiból: 2 – Daniel: ¡No me gusta el voleiból!
La playa: 1 – Daniel: La playa, ¡qué aburrido!
Acampar: 5 – Sofia: ¡En la montaña hace mucho frío por las noches!
El clásico: 3 – Sofia: ¡Qué pesado el fútbol!
La caminata: 4 – Sofia: ¡Las caminatas no me gustan nada!

2 a + b. 1. correcto 2. falso: Quieren visitar Barcelona. 3. falso: No tiene vuelos. 4. correcto 5. falso: Quiere ver el partido del Barça en el Camp Nou. 6. correcto 7. No está en el texto. 8. falso: La familia quiere ir a Barcelona en tren (en el AVE).

3 1. María quiere ir con Lupe al cine. 2. María propone ir al zoo y ver el acuario más grande de Europa. 3. Barcelona es una ciudad con mucho arte, mucha luz y color. 4. Las dos chicas van a ir de compras, van a hacer un paseo en el centro y van a disfrutar del buen tiempo.

4 Lösungsvorschlag:
Claudia y Sofia van a jugar al baloncesto el próximo fin de semana. Yo voy a hacer muchas fotos. Daniel va a tener un fin de semana fenomenal. Vosotros vais a cenar en un restaurante bonito con toda la familia. Mi familia y yo vamos a acostarnos muy tarde durante las vacaciones. Tú vas a comprar crema solar y unas gafas de sol.

5 va a llover, va a hacer, vamos a ir, va a venir, vamos a pasar, Vamos a caminar, vamos a ir, voy a visitar, vamos a salir, vamos a nadar, voy a ir de compras, van a ver, voy a comer, voy a beber

6 Individuelle Schülerlösung

7 pronóstico, llover, hace calor, hace sol, grados, hace frío, tormenta, nieva, hace viento, está nublado, montaña, caminata, naturaleza, paisaje, acampar, cuento de terror

8 Las cuatro estaciones se llaman: la primavera, el verano, el otoño, el invierno
el tiempo: hace sol, hace buen tiempo, hace calor, hace frío, nieva, llueve, hay hielo, está nublado …

actividades: hacer una caminata, ir de compras, ir a museos, visitar una iglesia/un monumento/ … , ver un partido de fútbol, ir a la playa …
la naturaleza: el paisaje, la montaña, caminar, acampar, el mar, el río, …

9 Individuelle Schülerlösung

B Un fin de semana en Barcelona

1 1. No entraron en dos museos pero se fueron de compras y Sofía se compró una camiseta. 2. Sofía y Claudia compartieron la habitación. 3. Sí, Daniel vió a Neymar. Neymar no estuvo enfermo y metió un gol. 4. La madre de Carmen se fue a Barcelona con su marido (el papá de Carmen) hace 20 años. 5. No está en el texto pero les vendieron las últimas cinco entradas. 6. Sí, le gustó mucho la comida. Comió como un león.

2 1. 2:1 2. muy contento 3. cansado 4. El sábado fue a la bolera. El domingo jugó al squash.

3 Individuelle Schülerlösung

4 fue, hicimos, fui, me compré, gustó, visité/visitamos, caminamos, nos tomamos, comí, compraste, miraste, vino, picó, dejé, me ensucié, vinieron, picaron, tuvimos que, perdió

5 (von links nach rechts) ¡Neymar mete un gol! – El Barça gana el partido. – Hoy me quedo en casa. – Llovió a cántaros. – ¡Te extrañamos! – ¡Qué recuerdos! – Las chicas comparten una/la habitación.

¡Bienvenidos a Sevilla!

Hola, ¿cómo _te llamas_?

Me llamo Don Quijote.

Soy de la Mancha.[1]

Hola, _Me llamo_ Sancho Panza.

¿Y _tú_?

¿Y _de donde eres_ Don Quijote?

[1] La Mancha Region in Zentralspanien

Don Quijote und Sancho Panza sind die Hauptfiguren des wichtigsten spanischen Romans, der auf Spanisch „El ingenioso hidalgo Don Quijote de la Mancha" heißt und von Miguel de Cervantes geschrieben wurde. Vielleicht kennst du ja die berühmteste Episode, in der er gegen Windmühlen kämpft. Wenn nicht, lass sie dir von deinem Lehrer/deiner Lehrerin erzählen.

5 a ¿Cómo se pronuncia? Wie spricht man die fett gedruckten Buchstaben in den Wörtern aus? Schreibe sie in die richtige Spalte.

cómo • gente • gaucho • escucha • cine • escribe • canta • pregunta • caramelo • parque • pronuncia • plaza • gitano • baloncesto • gol • centro

als gespieltes „s" [θ][1]	als „k" [k]	wie das deutsche „g" [g]	wie im deutschen „auch" [x]
cine baloncesto pronuncia	cómo escribe caramelo canta gitano escucha parque	gol gaucho pregunta	pronuncia plaza centro

[1] Lautschrift – sie hilft dir, unbekannte Wörter richtig auszusprechen. Vielleicht kennst du sie schon aus dem Englischunterricht.

siete 7

A Sevilla es …

b Escucha y comprueba tus respuestas. Höre die Wörter an und überprüfe deine Antworten. `80041-01`

c Completa la regla. Ergänze die Regel.

> Vor den Buchstaben __a, o, u__ wird das „c" wie __ein k__ ausgesprochen und vor __e, i__ wird es wie __ein th in english__ ausgesprochen. Das „qu" wird immer wie __ein k__ ausgesprochen, das „z" wie __ein ß__.
>
> Das „g" wird vor __einem e__ wie __ein r__ ausgesprochen und vor __einem o__ wie __ein G__.

d Busca más palabras en el diccionario de tu libro y completa la tabla de **a**. Suche weitere Wörter aus dem Wörterbuch ab Seite 230 und schreibe sie in die passende Spalte der Tabelle von Aufgabe a.

e Lee una palabra en voz alta y pregunta. Lies eines der Wörter, die du im Wörterbuch gefunden hast, in der Klasse laut vor und frage: „¿Es correcto?" Deine Mitschüler überprüfen die Aussprache.

6 a Escucha y escribe las letras en las líneas. Höre zu und schreibe die Wörter auf die Linien. `80041-01`

1. __ __ __ __ __ __

2. __ __ __ __ __ __ __ __

3. __ __ __ __ __ __ __

4. __ __ __ __ __ __ __

5. __ __ __ __ __ __ __ __ __

b Busca el significado de las palabras. Schlage nach, was die Wörter, die du aufgeschrieben hast, bedeuten. Weißt du, wo? Schau mal im Diccionario des Buches ab S. 230 nach.

7 Escribe con el dedo nuevas palabras del capítulo 1 en la espalda de tu compañero/a. Schreibe mit dem Finger neue Vokabeln aus Kapitel 1 auf den Rücken deines/r Klassenkameraden/in. Er/Sie buchstabiert das Wort und nennt es. Ist es korrekt?

¡Bienvenidos a Sevilla!

8 a Escucha y escribe los nombres de estas personas. Höre zu und schreibe die vollständigen Namen der Personen auf. `80041-01`

shakira, isabel   lionel, andrés   xabi,   penélope
mebarak, ripoll   messi, cuccittini alonso, olano   cruz, sánchez

b Escucha y comprueba. Höre die vollständigen Namen an und überprüfe, ob du richtig liegst. `80041-01`

c Fragt euch nun gegenseitig und antwortet mit dem Namen, den ihr notiert habt.

¿Cómo te llamas?

Me llamo …

¿Cómo? No entiendo …

S – h – a – …

9 ¿Qué tal? Escucha y marca con una cruz la casilla correcta. Höre zu und kreuze das richtige Kästchen an. `80041-01`

	😃	🙂	😐	☹️
Maider	☐	☐	☐	☐
Amparo	☐	☐	☐	☐
Sevilla	☐	☐	☐	☐
Miguel	☐	☐	☐	☐
Javi	☐	☐	☐	☐
Jaume	☐	☐	☐	☐

nueve 9

B Un paseo por Sevilla

1 Escribe las palabras con el artículo determinado. Schreibe die Wörter mit dem bestimmten Artikel im Singular oder Plural unter die Bilder.

el río — la abuela — el café — el futbol

la chica — el flamenco — la playa — la plaza

2 Completa la tabla. Wie ist die Form des anderen Geschlechts? Vervollständige die Tabelle.

masculino ♂	femenino ♀
el profesor	la professora
el chico	la chica
el español	la española
el abuelo	la abuela
el gato	la gata
el compañero	la compañera
el hermano	la hermana
el alemano	la alemana

10 diez

¡Bienvenidos a Sevilla!

3 a Busca las palabras. Hier sind 10 Wörter versteckt. Suche sie und schreibe sie mit ihrem Artikel auf.

b Forma el plural y completa la lista. Wie bildet man den Plural der Wörter, die du gefunden hast? Ordne sie mit ihrem Artikel gleich in die richtige Tabellenspalte ein.

Plural = sustantivo + s	Plural = sustantivo + es
• Fiestas • Hotels • Musicas • rios • Heladerias • Torres	• Familiaes • Soles • Alemanes • Bares

4 Completa los diálogos. Ergänze die fehlenden Wörter.

1
–Hola, ¿ _Que tal_ ?
–Muy bien, gracias. ¿Y _tú_ ?
–Bien, _gracias_ .

2
–Hola, _Cómo_ te llamas?
– _Me llamo_ Nicolás.

3
–¿Qué es Sevilla _para ti_ ?
–Para mí, Sevilla es la _Ciudad_ del Oro, el _____ de Triana y el _____ Guadalquivir.

4
–¿De _donde_ eres?
– _Soy de_ de Barcelona.
¿ _Y tú_ ?
–Yo _también_ soy de Barcelona.

once **11**

B — Un paseo por Sevilla

5 a Escribe un diálogo con estas palabras. Daniel und Nicolás begegnen sich. Schreibe einen Dialog mit den Wörtern in der Box. Beginne so:

Modelo: Nicolás: "¡Hola! …

> Hola • Bien • Me • Eres • Alemania • Toledo • qué • Cómo • de • Soy • tal • te • Sí • llamo • llamas • de • Y • Daniel • tú • de • Düsseldorf • es • Alemania • fútbol • Berlín • mí • y • para • el

b Pon los signos de puntuación. Setze die Satzzeichen.

> Im Spanischen werden Fragezeichen und Ausrufezeichen nicht nur am Ende des Satzes, sondern auch am Anfang gesetzt, z.B bei "¿Qué tal?" Anführungszeichen setzt man beide oben.

6 Mira el vídeo. ¿Cómo se llama la ciudad? Marca con una cruz qué ves en el vídeo. Schau dir das Video an. Wie heißt die Stadt? Suche sie auf der Karte auf der Umschlaginnenseite in deinem Buch. Kreuze dann unten an, was du von der Stadt siehst. `80041-01`

- ☐ un bar
- ☐ plazas
- ☐ palmeras
- ☐ una playa
- ☐ un estadio de fútbol
- ☐ parques
- ☐ puentes
- ☐ torres
- ☐ iglesias
- ☐ una biblioteca
- ☐ animales
- ☐ un altar
- ☐ cafés
- ☐ teatros
- ☐ un río

7 Completa y luego amplía el mapa mental. Vervollständige und erweitere dann die Mindmap mit Wörtern, die du kennst, und verbinde Wörter, die etwas miteinander zu tun haben. M II 1.1

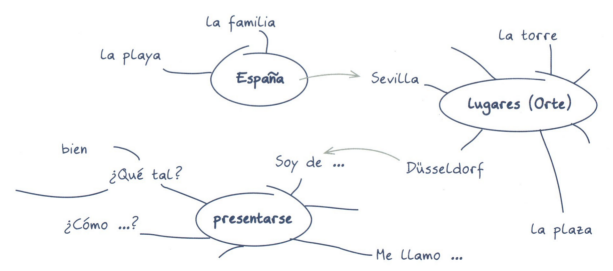

A Los nuevos chicos del barrio

Capítulo 2

1 Completa con el nombre de uno de los chicos. Ordne den richtigen Namen zu. Achtung! Hier stellt sich auch Álvaro vor, den die Zwillinge erst später kennen lernen.

Pablo

Daniel

Nicolás

Álvaro

Hola, me llamo _Pablo_. Tengo 13 años y tengo dos hermanos.

Hola, me llamo _Daniel_. Tengo 12 años y tengo una hermana y un hermano.

Hola, me llamo _Nicolas_. No tengo hermanos.

Hola, soy _Álvaro_. Tengo 12 años y tengo una hermana melliza.

2 Escribe en español cómo se saluda la gente y a qué hora. Schreibe auf, wie man sich auf Spanisch zu folgenden Uhrzeiten begrüßt.

Holá — _Buenos Tardes_ _Buenas noches_ _Buenos dias_

3 ¡A ordenar! Schreibe die Zahlen in der richtigen Reihenfolge auf.

trece   quince   once   ocho   dieciocho   veinte
doce   diecinueve   catorce   diecisiete   nueve

ocho, nueve, once, doce, trece, catorce, quince, diecisiete, dieciocho, diecinueve, veinte

A Los nuevos chicos del barrio

4 ¿Cuántos/-as son? Wie viele sind es? Schreibe auf, was du siehst und in welcher Anzahl. Achte auf die Pluralbildung!

5 El juego de los barcos. Spielt zu zweit Schiffe versenken. Jeder versteckt zunächst auf seinem Spielfeld Schiffe, die der andere/die andere dann durch gezielte Fragen finden muss. Du kannst die Schiffe waagerecht und senkrecht anordnen, es muss jedoch immer eine Reihe Kästchen um jedes Schiff herum frei bleiben. Diagonal ist nicht erlaubt!
Jeder versteckt
- drei Schiffe zu drei Kästchen,
- drei Schiffe zu zwei Kästchen,
- ein Schiff zu vier Kästchen
- und ein Schiff zu fünf Kästchen.

Nun fragt ihr euch abwechselnd nach der Position der Schiffe und zwar so lange, bis die Frage nach der Position mit „nein" beantwortet wird. Wenn ihr ein Schiff vollständig gefunden habt, ist es versenkt und ihr sagt „Barco hundido". Wer zuerst alle Schiffe des anderen/der anderen versenkt hat, hat gewonnen. So fragt und antwortet ihr:

¿Tienes el C 12?

Sí, tengo el C 12.

No, no tengo el C 12. ¿Tienes el G 18?

	11	12	13	14	15	16	17	18	19	20
C										
F										
G										
H										
J										
LL										
Ñ										
R										
W										
Y										

	11	12	13	14	15	16	17	18	19	20
C										
F										
G										
H										
J										
LL										
Ñ										
R										
W										
Y										

catorce

Los nuevos amigos **2**

6 a Rellena la tabla con las formas de tener.
Fülle die Tabelle mit den Personalpronomen und den Formen von tener aus.

tiene • tenemos • tenéis •
tengo • tienes • tienen

yo	tengo
tú	tienes
el/ella	tiene
nosotros/as	tenemos/as
vosotros/as	tenéis
ellos/ellas	tienen

b Completa el texto con las formas de tener.

Hola, soy Pablo. _Tengo_ un nuevo amigo. Se llama Daniel y _tiene_ 12 años. Daniel _tiene_ una hermana melliza y, claro, ella también _tiene_ 12 años. Daniel y Sofia no _tienen_ hermanos, pero yo sí: _tengo_ dos hermanos, una hermana y un hermano. ¿Y vosotros? ¿También _tienéis_ hermanos?

7 Ordena las palabras y forma frases. Ordne die Wörter und bilde Sätze.
Achte auf die Stellung von no.

1. es – Sevilla. – de – no – Mi – amigo
2. pero – una – no – tengo – mascota. – tengo – No, – hermanos
3. casa – nosotros – alemán. – En – hablamos – no
4. la – Para – y – es – la – España – playa, – el Barça. – paella – mí,
5. entiendo. – alemán – No – turco. – ¿Cómo? – No – español. – hablo – y – Hablo

8 a Encuentra las palabras. Finde die Verbformen in der Wortschlange. Trage sie in die Tabelle ein und ergänze auch die Pronomen.

hablamostenéistieneshablanhablotenemostengohablastienetienenhablahabláis

pronombre	infinitivo: _____	infinitivo: _____
yo	tengo	hablo
tú	tienes	hablas
el/ella	tiene	habla
nosotros/as	tenemos	hablamos
vosotros/as	tenéis	habláis
ellos/ellas	tienen	hablan

quince **15**

A — Los nuevos chicos del barrio

b Ahora tú: Haz una serpiente de palabras para tu compañero/a. Mache für deinen Mitschüler/deine Mitschülerin auch eine Wortschlange: Wähle zwei Verben aus und trage die Verbformen in diese Schlange ein. Tauscht dann eure Hefte und vervollständigt wieder die Tabelle.

pronombre	infinitivo: _____	infinitivo: _____

9 Completa con los verbos **llamar** y **hablar**. Setze die Formen von **llamar** und **hablar** ein.

Esta chica se __llama__ Lupe.
Es de México y __habla__ español.

Estos son los mellizos. Se __llamas__ Daniel y Sofía. Son de Alemania, pero también __hablan__ español. La madre de Lupe es española. En casa su padre __habla__ alemán, pero en España todos __habla__ español.

Este es el Señor Dörfler, el padre de los mellizos. Se __llama__ Gerald y es piloto. __Habla__ estos idiomas: alemán, español, inglés, francés y un poco de turco.

Estos somos nosotros: yo me __llamo__ Nicolás y en la foto estoy con mi amigo Pablo. Nosotros __Hablamos__ español y un poco de inglés, pero muy poco.

Los nuevos amigos

10 a ¿Sabes qué idiomas hablan tus compañeros de clase y sus familias? Pregúntales y completa la tabla. Weißt du, welche Sprachen deine Mitschüler und ihre Familien sprechen? Frag sie doch! Fülle damit die Tabelle aus.

> mi/tu madre – meine/deine Mutter
> mi/tu padre – mein/dein Vater
> mis/tus abuelos – meine/deine Großeltern

Modelo: –Daniel, ¿qué idiomas hablas?
–Pues, hablo alemán, inglés y un poco de español.
–¿Y qué idiomas habla tu madre?
–Ella habla alemán, español …

	Johanna y su familia	_Romy_ y su familia	_Martina_ y su familia	_____ y su familia
él/ella	Aleman	Aleman un poco de ingles y Español	Polaco, aleman, ingles,	
la madre	Aleman	Aleman	Polaco, Aleman	
el padre	\	Aleman	Aleman	
los abuelos			Polaco	
hermanas			Polaco, Aleman	

b +ideas ¿Fácil? Pregunta por el país o por la ciudad y completa la tabla. Zu leicht? Dann frage auch noch nach dem Land oder der Stadt und schreibe die Information in die Tabelle von Aufgabe a.

Modelo: –¿De dónde es tu madre?
–Es de España/de Berlín/de …

Hier findest du die Namen einiger Länder auf Spanisch. Findest du heraus, wie jedes der Länder auf Deutsch heißt, ohne im Wörterbuch nachzuschauen?
Brasil • Egipto • Estados Unidos • Francia • Gran Bretaña • Kazajstán • Polonia • Portugal • República Checa • Rusia • Suecia • Suiza • Turquía

c Ahora habla sobre tus compañeros de clase. Jetzt erzähle von deinen Klassenkameraden. Fasse gleiche Informationen zusammen.

Modelo: Simone habla alemán, inglés y un poco de español.
Los padres de Can hablan alemán y turco.

diecisiete **17**

Los nuevos chicos del barrio

 11 Escucha y relaciona las fotos de los chicos con los dibujos correspondientes. Höre zu und verbinde die Fotos der Personen mit den passenden Bildern. `80041-02`

Nuria Inma Hasret Felipe Iñaki

 12 a Escuchad el diálogo. Hört den Dialog von Seite 28 im Buch an. `80041-02`

 b En grupos leed el diálogo en voz alta dos veces. Lest den Dialog in Gruppen zwei Mal laut vor. Versucht dabei, die Aussprache der Sprecher zu imitieren.

 c ¿Conocéis bien el texto? Kennt ihr den Text inzwischen gut? Eine/r von euch liest den ganzen Dialog vor und ersetzt dabei manche Wörter durch einen Platzhalter – zum Beispiel „pololo". Die anderen müssen die Wörter erraten. Tipp: Am besten nimmst du nur Nomen, Verben und Adjektive – Präpositionen (z.B. „a" oder „de" etc.) sind sehr schwer zu erraten.

Modelo:

Mira María, estos pololo Daniel y Sofia.

Estos son Daniel y Sofia.

Sí, es correcto.

18 dieciocho

B Nuestras mascotas

1 Completa con la forma correcta de este/esta/estos/estas.

1. __Estos__ son los periquitos de Nicolás.
2. __Este__ es el perro de Daniel y Sofia. Se llama Speedy.
3. __Este__ es el gato de Nicolás.
4. __Estas__ son las gallinas de Miguel.
5. __Estos__ son los peces de Pablo.
6. __Esta__ es la lechuza de Harry Potter. Se llama Hedwig.

2 Completa con las formas de ser.

Sebastián: Hola, ¿ __sois__ los mellizos de Alemania?

Daniel: Sí, __somos__ Daniel y Sofia, de Düsseldorf. ¿Y tú?

Sebastián: __soy__ Sebastián, el hermano de Pablo. Y este __es__ Chulo, nuestro perro. Chulo __es__ de un centro de acogida de animales[1].

Sofia: Hola Chulo, este __es__ Speedy. Speedy __es__ de Düsseldorf y solo habla alemán, jajaja.

Sebastián: Y estos __son__ mis padres con mis abuelos. Mis abuelos no __son__ de Sevilla, __son__ de Valencia.

Sofia: ¿Y ella __es__ tu hermana?

Sebastián: Sí, ella __es__ Vero.

---
[1] el centro de acogida de animales das Tierheim

B — Nuestras mascotas

3 Presenta a estas personas y a Speedy. Empieza con: Este es …/Esta es …/Estos son …

Este es Daniel. Este es Düsseldorf. tiens doce años

Estos son padres de daniel y de sofia. se llaman Carmen y Gerald

Este es Sofia. Este es Düsseldorf. Tiene doce años

Este es speedy. Speedy tiene tres años

4 a ¿Qué entiendes? Was verstehst du? Lies zuerst die Methode M | 2.4

b Marca con una cruz la información correcta. Kreuze nun die korrekten Informationen an. Schreibe dazu, welche Strategie du benutzt hast, um an die Informationen zu gelangen (z. B. andere Sprache, Kontext, Wortfamilie).

Was ist das Thema der Zeitschrift?
☐ Haustiere ☐ Fahrzeuge ☐ Brillen   Strategie: _____

Wie viel kostet die Zeitschrift?
☐ nichts ☐ 2,50 Euro ☐ keine Angabe   Strategie: _____

Diese spezielle Ausgabe hat sich welches Hauptthema vorgenommen?
☐ Präsentation von Haustieren bei Facebook   ☐ Beförderung von Haustieren
☐ der richtige UV-Schutz
Strategie: _____

Um welche Themen geht es außerdem noch?
☐ Kleidung von Haustieren   ☐ Anschnallpflicht
☐ Unterricht für Haustiere   ☐ Raub von Haustieren
☐ die Wahl des richtigen Haustiers ☐ Ausflüge im Sommer

Strategie: _____

Welche weiteren Informationen kannst du dieser Seite entnehmen?
☐ die Monate der Veröffentlichung
☐ wo das Foto aufgenommen wurde
☐ die Adresse der Webseite
☐ auf welcher Seite die genannten Themen zu finden sind
☐ was in der nächsten Ausgabe zu lesen ist
☐ die wievielte Ausgabe dies ist

Strategie: _____

Los nuevos amigos

5 Completa el diálogo con las formas correctas de los verbos. Setze die richtigen Verbformen in den Dialog ein.

Manolo: Los autobuses[1] de Sevilla – ¡qué horror! Siempre _tienen_ (tener) retraso.

Daniel: ¿Cómo? No entiendo … ¿Qué _es_ (ser) retraso?

M: Ah … tú no _eres_ (ser) de aquí, ¿verdad?

D: No, _soy_ (ser) de Alemania y todavía[2] no _hablo_ (hablar) bien español.

M: No, pero sí tú _hablas_ (hablar) muy bien. Pues, un retraso _es_ (ser) … eh … ¿ _hablas_ (hablar) inglés?

D: ¡Claro!
M: En inglés es "too late".
D: Ah, claro. Ahora entiendo.
M: Mi familia tampoco[3] _es_ (ser) de España.

D: ¿De dónde _sois_ (ser, vosotros)?

M: _somos_ (ser) de Paraguay pero mi mamá ahora _tiene_ (tener) una casa aquí en Sevilla.

D: Pero ¡tú _hablas_ (hablar) muy bien español!

M: ¡Claro! En Paraguay el idioma oficial _es_ (ser) el castellano, como en Chile, en Bolivia, en el Perú …

D: ¿El castellano?

M: Sí, el castellano y el español _son_ (ser) casi lo mismo[4].

D: Ah, ¡qué interesante! Mi padre _es_ (ser) alemán pero _habla_ (hablar) muy bien español.

M: Por cierto[5], ¿cómo _te llamas_ (llamarse)?

D: _Me llamo_ (llamarse) Daniel, ¿y tú?

M: _Soy_ (ser) Manolo … Ah, el autobús … ¡adiós, Daniel!

[1] el autobús der Bus
[2] todavía no noch nicht
[3] tampoco auch nicht
[4] casi lo mismo fast dasselbe
[5] por cierto übrigens

6 Relaciona los pronombres interrogativos con las frases correspondientes. Verbinde die Fragepronomen mit den passenden Teilsätzen. Manchmal gibt es mehrere richtige Lösungen.

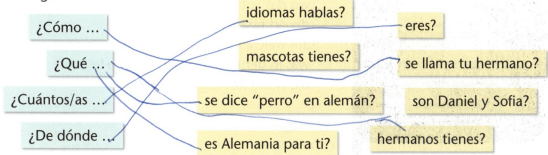

B Nuestras mascotas

7 a Haz una encuesta en clase. Mach eine Umfrage. Befrage drei Klassenkameraden und notiere die Antworten.

	A: _____	B: _____	C: _____
nombre:			
edad:	años		
país:	Alemania		
idiomas:			
hermanos:			
mascotas:			

b Ahora presenta a tus compañeros. Stelle jetzt mit deinen Notizen deine Klassenkameraden frei vor.

8 Forma frases. Bilde Sätze. Es gibt mehrere Möglichkeiten.

Yo ✓	cenar	mellizos. ✓
Mi hermano y yo ✓	ser	Chulo. ✓
Tú y tu amigo	tener	muy bien español. ✓
Daniel y Sofia ✓	hablar	de Sevilla. ✓
Tú ✓	no ser	en el restaurante "Tío Pepe". ✓
El perro de Pablo	llamarse	once años. ✓

9 Mira el vídeo y contesta las preguntas. Schau dir das Video an und beantworte die Fragen. `80041-02`

1. ¿Cómo se llaman los personajes? Wie heißen die drei? Wähle die richtige Antwort.

   ☐ América, Ana y Mona   ☐ Ana, Lola y Sam   ☐ Sam, Mona y Susana

2. ¿Qué problemas tiene Sam? Welche Schwierigkeiten hat Sam? Kreuze alle richtigen Antworten an.

   ☐ Sam piensa[1] que una de las chicas también se llama Sam.
   ☐ Sam no habla bien español.
   ☐ Sam piensa que una de las chicas no habla español.
   ☐ Sam dice[2] que él se llama Ana.
   ☐ Sam piensa que las dos chicas son hermanas.
   ☐ Sam piensa que una de las chicas es de América.
   ☐ Una de las chicas piensa que él se llama América.

[1] él/ella piensa que … er/sie denkt, dass …
[2] él/ella dice que … er/sie sagt, dass …

A · El primer día de clase

Capítulo 3

1 Relaciona las frases con las personas. Ordne den Personen die passenden Sätze zu.

Daniel y Sofia	Sofia	Laura	Lupe	Alicia	los alumnos
3,5	4,8	7	2	9	6, 10

1. Revisan los deberes.
2. No tiene el libro. ✓
3. Viven en Triana, en la calle San Jacinto. ✓
4. No tiene boli. ✓
5. Escriben la palabra Herzlich Willkommen ✓ en la pizarra.
6. No beben en clase. ✓
7. Tiene un boli para Sofia. ✓
8. Son mellizos. ✓
9. Lee la palabra Herzlich Willkommen ✓
10. Leen el texto de la página 14.
11. Entra con Daniel y Sofia.

2 Escribe lo que dices o preguntas en las siguientes situaciones. Schreibe auf, was du in den folgenden Situationen sagst oder fragst.

1. Du hast etwas nicht verstanden und fragst zum besseren Verständnis nach.
2. Du hast die Hausaufgaben nicht.
3. Du bedankst dich.
4. Du hast eine Frage.
5. Du hast dein Buch nicht dabei, es ist zuhause.
6. Du möchtest wissen, was „cuaderno" auf Deutsch heißt.

3 Escribe las palabras con el artículo determinado. Schreibe die Wörter mit bestimmtem Artikel.

1. la esponja
2. el sacap
3. la tiza
4. el cuaderno
5. la pizarra
6. la calculadora
7. la silla
8. la ventana
9. la mesa
10. el mapa
11. la pared
12. el lapiz
13. la carpeta
14. la puerta
15. el suelo
16. la papelra

A El primer día de clase

4 Traduce las palabras y completa el crucigrama. Übersetze die Wörter und fülle das Kreuzworträtsel aus. Schreibe dann das Lösungswort auf.

1. Federmäppchen
2. Füller
3. Tintenkiller
4. Papierkorb
5. Anspitzer
6. Tafel
7. Heft
8. Taschenrechner

1. e s t u c h e
2. p l u m a
3. b o r r a t i n t a s
4. p a r p e r l a
5. s a c a p u n t a s
6. p i z z a r a
7. c a r p e r t a
8. c a l c u l a d o r a

Solución: _____

5 ¿Qué instrucciones da Alicia en la clase de geografía? Escribe las frases de la profesora en imperativo. Welche Anweisungen gibt Alicia im Geographieunterricht? Schau dir die Bilder an und schreibe die Arbeitsanweisungen der Lehrerin unter die Bilder.

_____   _____   _____

_____   _____   _____

6 a ¿Qué tienen las personas? Haz frases. Bilde Sätze und verwende die Formen von **tener**.

1. Sofia y Daniel   tienen un estuche
2. Yo   tengo un cuaderno
3. Álvaro   tiene un borratintas
4. Ellas   tienen un boli
5. Tú   tienes un goma de borrar
6. Vosotros   tenéis un libro

¡Vamos al cole! 3

b ¿Y tú? ¿Qué objetos del ejercicio **a** tienes en tu mochila? Welche dieser sechs Gegenstände hast du in deiner Schultasche? Bilde Sätze.

7 Sofia y Daniel tienen un examen de Matemáticas. ¿Qué cosas necesitan para el examen? ¿Qué cosas no necesitan? Habla con tu compañero/a. Fragt euch gegenseitig, was die Zwillinge für ihre Mathearbeit brauchen und was nicht.

boli
libro
calculadora
carpeta
sacapuntas
estuche
cuaderno
lápiz
mochila
goma de borrar
sacapuntas
borratintas

Modelo:

¿Necesitan un boli? — Sí, claro, para el examen necesitan un boli.

¿Necesitan un libro? — No, no necesitan un/una …

8 Separa las formas y ordena los verbos escribir y leer. Trenne mit einem Strich die Verbformen in der Wortschlange und vervollständige damit die Tabelle.

escribimos/escribes/lee/escriben/leéis/escribo/leo/lee/escribís/lees/leemos/escribe

	leer	escribir
yo	leo	escribo
tú	lees	escribes
él/ella/usted	lee	escribe
nosotros/as	leemos	escribimos
vosotros/as	leéis	escribís
ellos/ellas/ustedes	leen	escriben

9 Completa la tabla. Vervollständige die Tabelle.

	vivir	beber	abrir
yo	vivo	bebo	abro
tú	vives	bebes	abres
él/ella/usted	vive	bebe	abre
nosotros/as	vivimos	bebemos	abrimos
vosotros/as	vivís	bebéis	abrís
ellos/ellas/ustedes	viven	beben	abren

A El primer día de clase

10 Completa la conversación con los verbos que faltan. Vervollständige den Dialog mit den fehlenden Verbformen.

Madre: Daniel, ¿qué tal el primer día en el cole?

Daniel: ¡Muy bien! __tenemos__ una profe muy simpática[1]. Se llama Alicia. Y el cole __es__ muy bonito[2].

Madre: ¿Y los amigos de clase?

Daniel: __Somos__ 22 alumnos en clase. Muchos[3] __son__ de Gines, pero algunos[4] __viven__ en Triana como nosotros. __Son__ muy simpáticos.

Madre: ¿Y __tenéis__ deberes para mañana?

Daniel: Sí, __tengo__ muchos deberes …

[1] simpático/a nett
[2] bonito/a hübsch
[3] muchos viele
[4] algunos einige

11 Escucha y marca con una cruz la respuesta correcta. Höre zu und kreuze die richtige Antwort an. 80041-03

1. Sofia y Daniel están en …
   - [X] la clase de geografía.
   - [ ] la clase de música.
   - [ ] la clase de español.

2. Sofia habla con Paloma sobre …
   - [ ] las mascotas.
   - [ ] la familia.
   - [X] los chicos.

3. Álvaro y Daniel hablan sobre …
   - [X] la pausa.
   - [ ] el fútbol.
   - [ ] el colegio.

4. Álvaro busca …
   - [ ] un estuche.
   - [X] un boli.
   - [ ] un borratintas.

B En el recreo

1 Lee el texto de la página 42 del libro y completa las frases. Lies den Text auf der Seite 42 im Buch und vervollständige die Sätze.

1. Álvaro, Daniel, Paloma y Sofia esperan a _Miriam_.
2. En el aula de música escuchan al _grupo_.
3. Cada año los alumnos graban _____.
4. En el comedor hay _____, _____ y _____.
5. Los ordenadores están _____.
6. En el gimnasio hay clases de _____.
7. El baño de los alumnos está _al lado del comer_.

2 Mira las imágenes y escribe a qué aula del colegio corresponde cada una. Jedes dieser Bilder steht für einen Raum deiner Schule. Schreibe zu jedem Bild den Namen des Raums mit Artikel.

cafetería — _el baño_ — _el aula de música_ — _el salon de actors_

el aula de informatica — _el laboratorio_ — _el gimnasio_ — _la bibiliotheca_

3 Busca las formas de **estar**. Suche die versteckten Formen von **estar** und schreibe sie mit den Personalpronomen in der richtigen Reihenfolge auf.

estamos
estás
estáis
está
estan
estoy

veintisiete **27**

B — En el recreo

4 Haz frases con el verbo estar. Bilde Sätze mit estar und verwende dabei diese Satzbausteine.

Vosotros		en el instituto.
La madre		en clase.
Yo	estar	en la biblioteca.
Sofia y yo		en el comedor.
Los amigos de Sofia y Daniel		en casa.
Y tú, ¿ … ?		en Sevilla.

5 En el recreo Daniel habla con su padre en un chat. Completa con las formas del verbo estar. Daniel chattet mit seinem Vater. Vervollständige den Text mit den passenden Formen von estar.

Padre: ¡Hola Daniel! ¿Cómo __estás__?

Daniel: ¡Hola papá! ¡ __Estoy__ bien! Y tú, ¿dónde __estás__ ahora?

Padre: __Estoy__ en Buenos Aires. Y ¿dónde __están__ mamá y Sofia?

Daniel: ¡Buenos Aires, guau! Sofia y yo __estamos__ en el colegio.

Yo __estoy__ en el aula de informática, y ella __está__ en el patio con Miriam, una nueva compañera de clase.

Y mamá __está__ en casa.

Padre: Y mañana, ¿Sofia y tú también __estáis__ en casa?

Daniel: Sí, mañana hablamos por teléfono.

Padre: ¡Qué bien! ¡Hasta mañana!

6 Daniel y Sofia preparan sus mochilas para el colegio. ¿Cuántos / cuántas hay? Habla con tu compañero/a. Fragt und antwortet abwechselnd.

¿Cuántos libros hay en la mesa?   Hay cuatro libros.

¡Vamos al cole! **3**

7 Completa el texto con hay o estar. Vervollständige den Text mit hay oder einer Form von estar.

En mi colegio ideal __hay__ cuatro aulas de informática, y en cada aula __hay__ un ordenador. La biblioteca __está__ al lado de las aulas, y en la biblioteca __hay__ muchos libros de ciencia ficción. __Hay__ dos patios. Los patios __están__ al lado de un comedor y en los patios __hay__ veinte trampolines. En el comedor siempre __hay__ bollos y buñuelos. El gimnasio __está__ cerca del comedor.

8 a Dibuja el plano de tu colegio ideal. Zeichne einen Plan von deiner idealen Schule und beschrifte ihn.

b Escribe un texto pequeño. ¿Qué hay en tu colegio ideal? ¿Dónde están las instalaciones? Schreibe einen kurzen Text. Was gibt es in deiner Traumschule? Wo befinden sich die Räume?

9 Escucha el texto y escribe la respuesta a las preguntas. 80041-03

1. ¿Qué dice Daniel sobre el colegio?
2. ¿Qué hay en el comedor?
3. ¿Dónde está el gimnasio?
4. ¿Qué necesitan Sofia y Daniel para el insti?

10 ¿Qué tal tu horario? Completa. Suche die Wörter, die du nicht kennst, im Wörterbuch.

hora	lunes	martes	miércoles	jueves	viernes

A Somos una familia

Capítulo **4**

1 **Lee el diálogo y ordena las frases.** Die Zusammenfassung des Textes (im Buch auf der Seite 54) ist durcheinander geraten. Bringe die Sätze in die richtige Reihenfolge und schreibe die richtige Zusammenfassung in dein Heft. Die Lösungsbuchstaben ergeben dann eine neue Vokabel aus dem Text!

- O Speedy es la mascota favorita de Daniel.
- L Lupe no habla mucho con su familia mexicana.
- A Es una foto de la fiesta de cumpleaños de la abuela.
- R En la habitación de Daniel hay una foto de su familia.
- T Álvaro, Laura y Lupe están en casa de Sofia y Daniel.
- N En la foto está la abuela de Daniel y Sofia. Se llama Lisa.
- Q Las familias de México son muy grandes, pero la familia de los mellizos es pequeña.
- I Claudia es morena y guapa. Es la prima favorita de Daniel.
- U Manfred es el tío de los mellizos. Es un poco gordito y muy simpático.

Solución: _TRANUQILO_

2 **Sopa de letras.** Welche zehn Bezeichnungen für Familienmitglieder findest du in der Buchstabensuppe? Schreibe sie auf.

h	b	a	b	u	e	l	o	e	p
p	i	e	h	e	r	m	a	n	o
r	q	a	i	c	q	f	i	t	m
i	c	f	j	i	p	a	d	r	e
m	t	í	o	v	a	b	n	h	t
a	u	e	s	h	s	u	i	a	í
l	s	g	a	n	i	e	t	o	a
s	m	a	d	r	e	l	t	q	s
q	g	l	u	p	v	a	s	u	g

el abuelo, la abuela
el hermano
la prima
el padre, la madre
la tía, el tío
el hijo

3 Relaciona los adjetivos con las personas en las fotos. Ordne den Fotos passende Adjektive zu.

gordito/a • divertido/a • delgado/a • moreno/a • triste • tranquilo/a • rubio/a • guapo/a • simpático/a

Hablamos de nuestra familia

 4 a Escucha lo que cuenta Lupe de su familia mexicana y escribe los nombres de las personas al lado de las fotos. Höre dir an, was Lupe über ihre Familie in Mexiko erzählt, und schreibe die Namen der Personen neben das passende Foto. `80041-04`

> Sebastián • Mara • Alejandro • Camila • Valeria • Orlando • Rodrigo • Alejandra • Santiago • Jazmín • Érica • Paty • las gemelas

Santiago, Alejandro
Mara, Jasmin

Valeria, Paty

sebastian

las gemelas

 b Escucha otra vez y decide si la frase es correcta o falsa. Al final corrige las frases falsas.

	correcto	falso
1. Lupe tiene nueve primos.		lupe tiene nueve primas
2. Sebastián tiene cinco años.	X	
3. Las hijas de Rodrigo tienen 4 años.		son bebes
4. La prima Camila es muy tranquila.		camila es muy guapa
5. La tía Paty es la madre de Sebastián.		Valeria es la madre de Sebastian
6. Santiago y Mara son hermanos.		Santiago y alejandro son hermanos
7. Santiago es muy activo.	X	
8. Mara tiene tres años y es muy lista.	X	

A Somos una familia

5 Completa con los adjetivos de la caja. Die folgenden Adjektive machen den Text komplett. Ergänze sie und achte auf die Angleichung.

> mucho (2x) • interesante • bonito (2x) • simpático (2x) • pequeño • cariñoso

Hoy estamos en el piso¹ de Lupe. El piso es **pequeño** (klein) pero muy **bonito** (schön). Hay **mucho** (viele) muebles² de México. La habitación de Lupe también es **bonita** (schön). En el piso vive la familia de Lupe. Los padres son muy **simpáticos** (sympathisch). **Mucho** (viele) familiares de Lupe viven en México, por ejemplo sus abuelos. Hay una foto de sus abuelos en la habitación de Lupe. Son **Sympáticos** (sympathisch) y **cariñoso** (liebevoll). La vida en México es muy **interesante** (interessant) para mí.

¹ el piso die Wohnung   ² los muebles die Möbel

6 a ¿Cómo es la familia Dörfler? Traduce los adjetivos al español. Übersetze die Adjektive und setze die passende Form ein.

La familia de Gerald Dörfler vive en Alemania. Gerald tiene un hermano, Manfred.

Manfred es _____ (blond) y un poco _____ (pummelig). Su mujer Tanja es _____ (klein) y _____ (schlank). Su hija se llama Claudia. Claudia es _____ (braunhaarig) y muy _____ (hübsch).

b ¿Y cómo es tu familia? Describe tu familia a tu compañero/a en una conversación de dos minutos.

7 Forma frases con los pronombres posesivos. Bilde Sätze mit den Possessivpronomen.

Modelo: Su familia baila mucho en las fiestas.

1. familia (Lupe)
2. madre (yo)
3. abuelos (Daniel y Sofia)
4. perro (Daniel)
5. casa (nosotros)
6. tía (tú)
7. prima favorita (vosotros)

A. es de España.
B. son muy simpáticos.
C. baila mucho en las fiestas.
D. es grande.
E. vive en Málaga.
F. se llama Claudia.
G. está un poco loco.

Hablamos de nuestra familia   **4**

8 Escribe los números de teléfono. Daniel und Sofia haben endlich eine Festnetznummer und fragen Freunde und Familie nach ihren Telefonnummern. Schreibe die Nummern auf.

1. los abuelos: noventa y cinco – veintidós – sesenta y siete – cincuenta y siete – dos
   +952261572

2. los primos Raúl y Paco: noventa y cinco – veintiséis – ochenta – setenta y seis – cinco
   +952680765

3. Paloma: noventa y cinco – cuarenta y cuatro – sesenta y siete – trece – uno
   +954467131

4. Miriam: noventa y cinco – cuarenta y tres – noventa y uno – treinta – ocho
   +954391308

9 Escucha y marca con una cruz el número correcto. ¿Cuál de los dos números escuchas? Welche der Zahlen hörst du jeweils? Kreuze sie an. `80041-04`

1. ☐ 54 ☒ 57   2. ☐ 66 ☒ 65   3. ☒ 61 ☐ 71   4. ☐ 23 ☒ 32
5. ☒ 11 ☐ 12   6. ☐ 20 ☒ 15   7. ☐ 4   ☒ 14   8. ☐ 14 ☒ 40

10 Escucha tu número. Arbeitet in Gruppen mit 6 oder 7 Schülern. Schreibt eure Telefonnummern und eure Vornamen auf kleine Zettel. Einer von euch bekommt alle Zettel, zieht einen nach dem anderen und liest jeweils nur die Nummer vor. Wer erkennt seine eigene Telefonnummer am schnellsten?

11 ¡Pobre Álvaro! En los deberes para la clase de matemáticas tiene muchos fallos. ¡Ayúdale! ¿Cuál es la solución correcta? Lest auf Spanisch abwechselnd die Aufgaben vor und nennt die richtige Lösung.

1. $20 \cdot 5 = 105$ f
2. $37 - 19 = 22$ f
3. $39 - 17 = 22$ ✓
4. $58 + 23 = 71$ f
5. $78 - 50 = 28$ ✓
6. $100 - 46 = 54$ ✓
7. $25 \cdot 4 = 100$ ✓
8. $76 - 65 = 12$ f
9. $64 : 8 = 7$ f
10. $88 - 69 = 21$ f
11. $8 \cdot 9 = 72$ ✓
12. $37 + 43 = 100$ f

+	más
–	menos
·	por
:	dividido por
=	son

B Un amigo para Speedy

1 Lee el diálogo y termina las frases. Lies erneut den Text im Buch auf der Seite 63 und vervollständige die Sätze.

1. La familia Dörfler está en la Granja Escuela Los Sauces. En la Granja hay _gallinas, cabras, cerdos, pavos y ovejas_.

2. Todos están muy alegres. También Speedy está muy alegre porque _tiene nuevos amigos_.

3. Cuando Sofia y Daniel pasan todo el día en el colegio, Speedy _está solo y triste en casa_.

4. Para no estar solo Speedy necesita _un nuevo amigo_.

5. Los cerdos y las gallinas no son buenos amigos para Speedy porque son _animales de campo_.

6. Speedy necesita un amigo _porque está solo y triste_.

2 Escucha y apunta las ventajas y las desventajas. Álvaro und Laura haben Tipps für die Zwillinge, welches Haustier gut zu Speedy passen würde. Alle Tiere haben Vor- und Nachteile. Notiere, welche es jeweils sind! `80041-04`

los peces		los cerdos	
+	−	+	−
- interessante - tranquilo - no mucho trabajo	- aburrida - in aquario	- super chulos - son interessantes - son muy listos - son muy cariñosos	- viven en el campo

3 a Busca los animales en la sopa de letras. Hier sind neun Tiere versteckt. Suche sie und schreibe sie mit ihrem Artikel auf.

o	v	e	j	a	h	u	l	g	c
p	a	v	p	r	u	i	s	a	r
e	c	l	n	i	d	c	v	t	f
r	m	p	d	s	m	e	e	o	g
r	a	a	c	a	b	r	a	d	a
o	n	v	l	l	p	d	s	p	l
a	c	o	n	e	j	o	l	a	l
r	q	c	a	g	v	c	i	q	i
s	p	a	n	e	r	a	t	ó	n
i	n	p	l	a	r	m	v	s	a

34 treinta y cuatro

Hablamos de nuestra familia

b ¿Qué animal es? Relaciona los nombres con las fotos.

1. una gallina
2. un ratón
3. un pavo
4. un cerdo
5. una cabra
6. un conejo
7. una oveja

4 Ordena las letras y escribe las palabras. Die neuen Adjektive sind durcheinander geraten. Ordne die Buchstaben und schreibe die Wörter auf.

1. r-t-i-s-e-t _____
2. i-o-v-e-r-d-i-t-d _____
3. g-l-i-e-a-n _____
4. r-b-a-u-d-r-i-o _____
5. a-i-o-o-r-g-s-c _____
6. u-o-v-e-n _____

5 Forma parejas de palabras contrarias. Bilde Gegensatzpaare.

gordito • activo • triste • grande • moreno • gracioso • alto • falso

≠

rubio • pequeño • correcto • aburrido • delgado • bajo • alegre • tranquilo

6 Completa con ser o estar.

a. Así son los chicos normalmente.

1. Álvaro es un buen amigo porque siempre __es__ divertido y muy activo.
2. Sofia siempre __es__ cariñosa y tiene muchos amigos.
3. Speedy normalmente __esta__ muy gracioso.
4. Gerald y Carmen Dörfler __estan__ muy simpáticos.

b. Pero a veces los chicos están de otro humor[1].

1. Álvaro hoy __esta__ un poco triste. __Es__ en casa, escucha música y habla poco.
2. Hoy Sofia __esta__ aburrida y prefiere[2] estar sola.
3. A veces Speedy __es__ triste porque __es__ solo.
4. Daniel pregunta: – Mamá, papá, ¿qué pasa? ¿Por qué __esta__ tan serios[3] hoy?

[1] estar de otro humor anders gelaunt sein
[2] él / ella prefiere er / sie möchte lieber
[3] tan serio so ernst

B Un amigo para Speedy

7 La mamá de los mellizos quiere saber todo sobre los amigos de sus hijos. ¿Cómo son normalmente y cómo están? Forma al menos 6 frases. Carmen Dörfler möchte alles über die neuen Freunde ihrer Kinder wissen. Wie sind sie normalerweise, und wie geht es ihnen jetzt gerade? Bilde mindestens 6 Sätze.

Modelo: Pablo a veces está nervioso pero normalmente es bastante tranquilo.

| Pablo / Miriam / Laura y yo / Nicolás y tú | normalmente / siempre / a veces / hoy | ser / estar | aburrido/a • activo/a • alegre • divertido • gracioso/a • loco/a • nervioso/a • simpático/a • tranquilo/a • triste | pero … |

8 Completa con las formas correctas de los verbos.

¡Tener un piloto en la familia mola mucho! Gerald Dörfler _____ (ser) piloto. Desde países diferentes _____ (escribir) postales a sus hijos. Sofia y Daniel _____ (leer) las postales de su padre. En casa, Sofia y Daniel _____ (preguntar) mucho a su padre: "¿Cómo _____ (ser) las personas de esos países? ¿Cómo _____ (vivir)? ¿Qué _____ (comer) y _____ (beber)? ¿_____ (tener, tú) fotos, papá? ¿_____ (mirar, nosotros) las fotos?" Para Sofia y Daniel las informaciones de su padre sobre otros países siempre _____ (ser) muy interesantes.

¹ el país das Land

9 Una charla de un minuto.
Auf einem Bauernhof wie der Granja Escuela Los Sauces kannst du Tiere kennenlernen, sie füttern und viel über sie lernen. Du kannst aber auch beim Bearbeiten der Felder helfen und einiges über Landwirtschaft und Gärtnerei lernen.

Schaue dir noch einmal die Webseite der Granja Los Sauces (im Buch auf der Seite 62) an und beschreibe, welche Aktivitäten du interessant, langweilig etc. findest. Du kannst mit dem Ausdruck „Para mí, …" beginnen. Zum Beispiel: „Para mí, los pavos son muy interesantes." Versuche, dir deine Meinungen über die verschiedenen Angebote der Granja zu merken. Trage sie in ca. 1 Minute frei vor.

10 a Mira el mapa del parque zoológico "MundoPark" de Sevilla. ¿Sabes por qué se llama "MundoPark"? ¿Qué animales ya conoces? Habla con tu compañero/a. Schaut euch die Karte des MundoPark an und überlegt euch gemeinsam, warum er wohl so heißt. Erzählt euch auch, welche Tiere, die dort wohnen, ihr schon kennt.

Hablamos de nuestra familia 4

b En grupos de cuatro o cinco personas planead el jardín zoológico ideal y presentadlo en clase. Findet euch in Gruppen von 4 oder 5 Personen zusammen.

- Schaut euch das Tierverzeichnis des Zoos an. Welche Tiere interessieren euch am meisten? Sucht euch jeder zwei Tiere aus, die euch interessieren.

- Nun sucht ihr über diese beiden Tiere Informationen im Internet: Wie heißen die Tiere, was essen sie, wo leben sie, wie sind sie? Schreibt einen kurzen Text über jedes Tier.
- Danach setzt ihr euch wieder in eurer Gruppe zusammen und tauscht die Informationen aus.
- Gestaltet euren eigenen Zoo auf einem Plakat (mit gemalten oder ausgedruckten Bildern oder Fotos): Wo sind die Gehege für welche Tiere?
- Präsentiert euren Zoo am Ende vor der gesamten Klasse. Jeder stellt dabei die Tiere vor, die er sich ausgesucht hat.

NUMERACIÓN DEL MAPA
1. MONCHO (TORO-WATUSSI)
2. ROEDORES (SURICATA, PERRITOS DE LA PRADERA ...)
3. GUARDERÍA
4. GALERÍA DE AVES (CACATÚAS, GUACAMAYOS ...)
5. BONSÁIS
6. DROMEDARIOS
7. BOLI (TORO BRAVO)
8. SELVA
9. BINTURONGS
10. KENIA Y DREIR (LEÓNES)
11. MACACOS JAPONÉSES (MONOS DE LAS NIEVES)
12. ZONA DE CRÍA Y SELVA JOCO
13. BISONTES Y BÚFALOS
14. MAPACHES
15. GANSOS Y BARNACLAS
16. LOBOS
17. TERRY Y CHICA (PERROS LABRADORES)
18. LÉMURES PARDOS
19. SPUNY (PUMA O LEÓN AMERICANO)
20. LOQUILLO (LINCE BOREAL)
21. MUFLONES Y CABRAS
22. HIÉNA RAYADA
23. PARQUE JURASICO (AVESTRUCES, EMÚES, CIERVOS, GUANACOS)
24. KOBUS LECHE
25. MONOS VERDES
26. LLAMAS
27. ALPACAS
28. COCODRILOS
29. CIVETAS
30. LUCY (PAPION)
31. WALLABI
32. CEBRAS Y WATUSSIS
33. MONOS CAPUCHINOS
34. LÉMURES DE COLLAR
35. GALERÍA DE CACTUS
36. ORIX
37. REPTILARIO, MUSEO Y AULA DE LA NATURALEZA
38. TITI PINCEL, MONO VERDE, LEMÚR PARDO, MONO CAPUCHINO, KINKAJU
39. SITATUNGAS, CAPIBARAS Y MARAS
40. TORTUGAS PATAS ROJAS
41. MUNTJACK
42. CABAÑA DE LOS BICHITOS
43. LOBOS
44. AVIARIO (MARABUS, PINTADA VULTURINA, CIGÜEÑA AMERICANA ...)
45. MINI ZOO (CABRITAS ENANAS)
46. GRANJA
47. AVIARIO DE FLAMENCOS
48. VICTOR Y ESTELA (TIGRES BLANCOS)
49. JAGUARES
50. GALERÍA DE AVES
51. GINÉTA
52. GALERÍA DE BONSÁIS
53. IBIS SABRADO
54. PUERCOESPINES
55. GINA (CHIMPANCÉ)
56. CERRO Y ZAMPO (TIGRE Y LEÓN)
57. ÁGUILAS
58. TUTTI (LEÓNA)
59. LOBENZOS
60. TORTUGAS ESPOLONES Y FLORIDA
61. GANSOS NENE

treinta y siete **37**

A — En el polideportivo

Capítulo 5

1 Relaciona. Verbinde.

A. bailar
B. chatear en internet
C. escuchar música
D. hablar por teléfono
E. hacer ciclismo
F. ir al cine
G. jugar al baloncesto
H. jugar al fútbol
I. jugar con la consola
J. leer
K. nadar
L. quedar con amigos
M. tocar la guitarra
N. ver la tele

2 Busca el intruso. Welche Aktivität passt nicht in die Reihe? Markiere sie.

1. jugar al fútbol • <u>nadar</u> • jugar al tenis • jugar al baloncesto
2. ver la tele • hablar por teléfono • jugar con la consola • <u>leer</u>
3. tocar la guitarra • tocar el violín • <u>chatear por internet</u> • escuchar música
4. hacer ciclismo • <u>ver películas en casa</u> • ir al cine • ver la tele

3 Completa la frase con lo que te gusta hacer en tu tiempo libre. Vervollständige den Satz mit deinen liebsten Freizeitaktivitäten. Nenne mindestens vier.

> En mi tiempo libre me gusta …

bailar, escuchar música, montar a caballo, patinar

38 treinta y ocho

Quedamos con los amigos   5

4 a Lee el texto de la página 74 otra vez y completa la tabla. ¿Qué les gusta y qué no les gusta a los amigos? Lies dir den Text auf S. 74 noch einmal durch und ordne zu, was den Freunden sehr gut, gut, nicht oder gar nicht gefällt.

> jugar al fútbol • la música • el baloncesto • el helado / ir a la heladería • Daniel • el grupo La Oreja de Van Gogh • el deporte • la nueva canción de La Oreja de Van Gogh • escuchar música

	Le gusta	Le gusta mucho	No le gusta	No le gusta nada
A Daniel	ir a la heladería	jugar el fútbol		
A Sofía				la nueva cancion de orcja van gogh
A María				
A Nicolás		fútbol		

	Les gusta	Les gusta mucho	No les gusta	No les gusta nada
A las chicas				
A los chicos				

b Ahora apunta las frases completas. Schreibe nun die vollständigen Sätze auf.

Modelo: A Daniel le gusta jugar al fútbol.

5 a Ordena las expresiones. Ordne die Ausdrücke von 1 (sehr positiv) bis 6 (sehr negativ).

No me gusta(n) nada. `6`   Me gusta(n). `3`   No me gusta(n). `5`

`2` Me gusta(n) mucho.   Me gusta(n) bastante. `4`   Me encanta(n). `1`

b ¿Te gustan estas actividades o no? Mira las fotos del ejercicio 1 (página 38) y haz frases con las expresiones de a. Schaue dir die Fotos zu Aufgabe 1 auf der Seite 38 noch einmal an. Gefallen dir diese Aktivitäten? Bilde Sätze und schreibe mit Hilfe der Ausdrücke von a., ob du sie magst oder nicht.

6 María habla contigo sobre sus gustos. ¿Os gustan las mismas cosas o no? Responde con estas expresiones. María redet mit dir über ihre Vorlieben. Gefallen euch dieselben Dinge oder nicht? Antworte ihr mit den Ausdrücken im Kasten.

1. Me gusta mucho quedar con amigos.
2. No me gusta ver películas en el cine.
3. Me encanta ir de compras.
4. No me gusta nada jugar con la consola.
5. Me gusta bastante ir a la bolera.
6. No me gusta mucho hacer deporte.

> A mí también.
> A mí no.
> A mí sí.
> A mí tampoco.

A En el polideportivo

7 a Álvaro y Paloma son amigos, pero no les gustan las mismas cosas. Presenta a los dos amigos y di qué les gusta y qué no les gusta. Álvaro und Paloma sind Freunde, aber sie mögen nicht die gleichen Dinge. Stelle die beiden in einem kurzen Text vor und schreibe, was sie mögen und was nicht.

Modelo: A Álvaro le gusta … , pero a Paloma no le gusta nada. A ella le gusta …

- 🙂 tocar la guitarra
- 🙂 jugar al fútbol
- 🙂 quedar con amigos
- ☹ hacer los deberes
- 😐 hablar por teléfono

- ☹ tocar un instrumento
- 🙂 hacer deporte
- 😐 quedar con amigos
- ☹ hacer los deberes
- 🙂 hablar por teléfono

b Escribe un diálogo entre Álvaro y Paloma. Schreibe einen Dialog zwischen Álvaro und Paloma. Benutze wieder die Ausdrücke A mí también, A mí no, A mí sí, A mí tampoco.

8 a Completa.

Hola, ¿qué tal? Soy Daniel y quiero hablarles un poco de nuestros gustos. A Sofia y a mí __me__ gusta mucho Sevilla. A mis padres también. A ellos __les__ gusta salir a los bares de Triana. Y a Sofia __te__ encanta el flamenco, bueno, a mí no __me__ gusta mucho, la verdad. Pero __me__ gusta el fútbol, el Barça 🙂 A nuestra amiga María también __le__ gusta el fútbol, bueno, __le__ gusta bastante. Mmm, y creo que a mí __me__ gusta María 🙂 ¿Y a ti? ¿Qué __te__ gusta?

b Escribe un correo a Daniel y cuéntale tus gustos. Antworte Daniel und schreibe über deine Hobbies und Vorlieben.

9 Busca las formas de *ir*, *hacer* y *jugar* en la sopa de letras. ¿Qué formas faltan? Suche die Verbformen von *ir*, *hacer* und *jugar*. Welche Formen fehlen?

10 a ¿Recuerdas cómo se conjugan los verbos regulares? Conjúgalos en tu cuaderno. Konjugiere die regelmäßigen Verben *tocar*, *hablar*, *escribir*, *abrir*, *leer* und *ver* in deinem Heft.

b Formula seis frases. Utiliza los seis verbos y todos los pronombres. Formuliere sechs Sätze. Benutze die sechs Verben aus a. und verwende in jedem Satz ein unterschiedliches Personalpronomen.

5 Quedamos con los amigos

11 El periódico "Ragazza" realiza una encuesta sobre los pasatiempos de los jóvenes. Responde a las preguntas utilizando las expresiones de frecuencia normalmente, a menudo, a veces, todos los días, siempre. Die Zeitschrift „Ragazza" macht eine Umfrage über Freizeitaktivitäten unter Jugendlichen. Beantworte die Fragen, indem du sagst, wie oft du was machst.

1. ¿Chateas con tus amigos en internet?
2. ¿Te gusta jugar con la consola?
3. ¿Escribes mensajes con tu móvil?
4. ¿Te gusta hablar por teléfono con tus amigos?
5. ¿Lees libros en tu tiempo libre?
6. ¿Quedas con amigos en tu casa o en el centro?

Modelo: ¿Te gusta ver la tele? –Sí, veo la tele todos los días con mis padres.

12 a Lee la entrevista y adivina con la ayuda del contexto el significado de las palabras o de las expresiones resaltadas. Lies den Text und versuche aus dem Kontext die Bedeutung der hervorgehobenen Wörter zu erschließen.

Leire, Xabi, Álvaro, Pablo y Haritz forman parte de **La Oreja de Van Gogh,** *uno de los grupos de mayor éxito del Pop español.*

Entrevistador: Leire, a nuestros lectores les interesa qué cosas te gusta hacer en tu vida privada.
Leire: Pues, me gusta sobre todo pasar el tiempo con mi familia y mis amigos. Todos los fines de semana, si no estoy de concierto, quedamos en algún lugar, vamos al cine o simplemente quedamos en casa de alguien. Hablamos y tomamos un café.
Entrevistador: ¿Y cuáles son tus pasatiempos favoritos?
Leire: En primer lugar, claro, me gusta cantar. Pero también me encanta descansar en casa, ver la tele o hablar por teléfono. Lo que no me gusta mucho es hacer deporte.
Entrevistador: Chicos, ¿y a vosotros, qué os gusta hacer?

Xabi: Bueno, pasar el tiempo en familia es una de las cosas más importantes para mí. Además me gusta estar en la naturaleza. Caminar o correr en el bosque – es una pasada.
Álvaro: A mí me gusta mucho la playa. Cuando estoy en San Sebastián, siempre voy a la playa, me gusta escuchar el mar, y claro que me gusta nadar también.
Haritz: Pues a mí, me encanta el fútbol…
Pablo: ¡Sí, es nuestro futbolista! Siempre ve todos los partidos de fútbol en la tele.
Haritz: Sí, pero no tengo mucho tiempo para jugar al fútbol. Pero no pasa nada, porque la música me gusta mucho más.
Entrevistador: Bueno chicos, muchas gracias por la entrevista.

b Haz una la tabla: ¿qué le gusta o qué no le gusta a … ? Mach eine Tabelle. Was gefällt den einzelnen Bandmitgliedern (nicht)?

 c Tu amigo que no entiende español se interesa por el grupo "La Oreja de Van Gogh". Cuéntale lo que aprendiste sobre el grupo en la entrevista. Dein Freund, der kein Spanisch versteht, interessiert sich für die Gruppe „La Oreja de Van Gogh". Erzähle ihm, was du in dem Interview erfahren hast.

B ¿Quedamos el fin de semana?

1 Lee el texto de la página 81 y elige el resumen correcto. Lies dir den Text auf S. 81 im Schülerbuch noch einmal durch und wähle die richtige Zusammenfassung aus.

1. Daniel habla por teléfono con Nicolás. Los dos quieren quedar, pero Nicolás no puede porque sus abuelos están de visita. Entonces Daniel le pregunta a Nicolás si quiere ir al cine el domingo con su familia. Nicolás dice que sí, y finalmente los chicos deciden quedar a las cuatro y cuarto en casa de Nicolás. El domingo, cuando Daniel llega a casa de Nicolás, no encuentra el nombre de Nicolás en el portero automático.

2. Daniel llama por teléfono a Nicolás. Habla primero con su madre. La madre le pone con Nicolás. Los chicos quieren quedar, pero Nicolás no puede porque tiene muchos deberes. Por eso los chicos quedan el sábado. Quieren ir al cine y ver la película "La Universidad de los Monstruos". El sábado a las cuatro y cuarto Nicolás va a casa de Daniel y quiere tocar el timbre, pero no encuentra los nombres en el portero automático.

2 a Escribe el significado de los verbos querer, entender, poder y encontrar en alemán y cómo cambia su raíz. Schreibe die deutsche Bedeutung der Verben und ergänze, wie sich die Stammvokale bei der Konjugation dieser Verben verändern.

b Ahora completa las frases con la forma correcta de los cuatro verbos. Nun vervollständige die Sätze mit der richtigen Verbform.

1. Hoy no ___quiero___ (querer, yo) hacer los deberes.

2. Lupe no ___encuntra___ (encontrar) su libro de inglés.

3. Nosotros no ___entendemos___ (entender) italiano, pero ___podemos___ (poder) aprender ese idioma en el instituto.

4. ¿___entiendes___ (entender, tú) algo en matemáticas? ¿___puedes___ (poder, tú) hacer los deberes conmigo?

3 a Apunta seis actividades. Überlege dir sechs Aktivitäten, die du gern machst, und notiere sie im Infinitiv; z. B. „jugar con Speedy".

b Ahora formula seis frases con querer y no poder como en el modelo. Formuliere sechs Sätze mit querer und no poder wie im Beispiel.

Modelo: Quiero jugar con Speedy, pero no puedo porque Speedy no tiene ganas.

Quedamos con los amigos 5

4 a Relaciona la hora con el reloj. Verbinde die Uhrzeit mit der richtigen Uhr.

1. Son las dos de la noche.
2. Es la una y media.
3. Son las doce menos cuarto.
4. Son las doce y cuarto.
5. Son las cinco y media de la mañana.
6. Son las diez y cuarto.
7. Son las nueve y media de la noche.

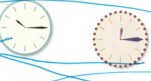

b ¿Recuerdas los días de la semana en español? Rellena la tabla. Vervollständige die Tabelle mithilfe der anderen romanischen Sprachen.

alemán	español	francés	latín	italiano
Montag	lunes	lundi	dies lunae	lunedì
Dienstag	martes	mardi	dies martis	martedì
Mittwoch	miércoles	mercredi	dies mercurii	mercoledì
Donnerstag	jueves	jeudi	dies iovis	giovedì
Freitag	viernes	vendredi	dies veneris	venerdì
Samstag	sábado	samedi	dies saturni	sabato
Sonntag	domingo	dimanche	dies solis	domenica

5 ¿Qué hace Carmen a qué hora? Escucha y corrige las frases si necesario. Was macht Carmen um wieviel Uhr? Höre zu und verbessere die Sätze, falls nötig. `80041-05`

1. El lunes Carmen va al instituto a las 9.00 h.
2. A las doce y media come un bocadillo en el comedor.
3. A las 16.00 h Carmen llega a casa y lee un poco.
4. A las 18.00 h Carmen tiene clase de violín.
5. A las 20.00 h Carmen juega con la consola y hace los deberes.
6. A las diez de la noche Carmen se va a la cama.

6 a Describe tu día de la semana favorito. ¿Qué haces a qué hora y por qué te gusta tanto? Beschreibe deinen Lieblingswochentag. Was machst du an dem Tag zu welcher Uhrzeit? Sage auch, wieso dir dieser Tag so gefällt.

 Mi día favorito es el domingo porque siempre quedo con mi amiga Paloma.

 El jueves mola mucho porque a las 16.15 juego al fútbol.

El sábado por la tarde normalmente voy a la heladería con mis padres. ¡Es un día genial!

b Lee tu texto a un/a compañero/a de clase. Tu compañero/a escribe las horas y las actividades de tu día favorito.

cuarenta y tres **43**

B ¿Quedamos el fin de semana?

7 a Lee el texto y contesta las preguntas. Lies dir den Text durch und beantworte die Fragen.

1. ¿Cuándo quedan Daniel y Álvaro?
2. ¿Adónde van los chicos?
3. ¿Cómo es el hermano de Álvaro?
4. ¿Quién está en el polideportivo?

El sábado a las cuatro y cuarto Daniel llega a casa de Álvaro. Álvaro ya está en la puerta.
Álvaro: Hola Daniel, ¿qué tal?
Daniel: Muy bien.
Álvaro: Bueno mamá, Daniel y yo vamos al polideportivo, ¿vale?
La madre de Álvaro: Vale, vale, pero estás en casa para cenar.
Álvaro: Claro, hasta luego.

Los chicos van al polideportivo …
Daniel: Tu mamá es simpática.
Álvaro: Sí, mis padres son simpáticos, pero no conoces a mi hermano. Tiene siete años y está un poco loco.
Daniel: Ah, ¿sí? ¿Por qué?
Álvaro: Siempre quiere estar en mi habitación y jugar conmigo. Es bastante pesado y a menudo nos peleamos.
Daniel: Jajaja, así son los hermanos.
Álvaro: Bueno, a veces también está tranquilo, delante de la tele por ejemplo. Y con mi mamá es cariñoso, pero él y yo somos como el perro y el gato …
Daniel: Mira, Álvaro, allí están Nicolás y Pablo …
Álvaro: ¡Pablo! ¡Nicolás! ¿Jugamos?

b Lee el texto y habla con tu compañero/a. ¿Qué es nos peleamos en alemán, y cómo se dice conocer?

8 Álvaro tiene un hermano bastante pesado, ¿y tú? ¿Cómo es tu hermano/a o tu primo/a? Describe a tu hermano/a, a tu primo/a o a un/a amigo/a.

9 Álvaro y Daniel miran las fotos de la familia de Álvaro. Completa el diálogo con los pronombres posesivos.

Álvaro: Mira, estos son ___mis___ padres y ___mi___ hermano Rafael. Y aquí están ___nos___ abuelos. Estamos en ___vuestra___ casa.

Daniel: ___vuestra___ casa me gusta.

Álvaro: Sí, es bastante grande. Mira, ___mi___ padre está al lado de ___su___ hermano. Se llama Amado y es ___mi___ tío favorito.

Daniel: ¿Cuántos años tiene ___tu___ tío?

Álvaro: Tiene 35 años y es muy divertido. Y ella es ___mi___ novia, Sofía.

Daniel: Sofia, como ___mi___ hermana. ¿Y ___tus___ primos Daniela y Tomás no están en la foto?

Álvaro: No, no están. Bueno, ¿tienes una foto de ___tu___ familia?

A ¡Qué lío!

Capítulo 6

 1 Lee el texto de la página 92 del libro y decide si las frases son correctas o falsas. Corrige las frases falsas.

	correcto	falso
1. La famila desayuna en un bar.		☒
2. Los muebles de Alemania llegan el sábado.	☒	
3. Al lado del escritorio, Daniel quiere poner la estantería con sus libros para el colegio.	☒	
4. A Daniel le gusta hablar sobre la escuela los sábados.		☒
5. Sofia necesita una cama.		☒
6. Daniel busca su móvil porque quiere llamar a un amigo.		☒
7. Speedy está nervioso porque llega el camión.	☒	
8. Empiezan a poner los muebles en la habitación de Daniel.	☒	

2 a Mira las fotos y escribe los nombres de los muebles y de los objetos que están en las habitaciones. Schreibe die spanischen Bezeichnungen auf.

 b Describe las habitaciones de las fotos. ¿Qué hay y dónde está todo? Di también qué te gusta y explica por qué. Beschreibe die Zimmer auf den Fotos: Was befindet sich wo? Was gefällt dir (nicht), und warum?

cuarenta y cinco **45**

A ¡Qué lío!

 3 En parejas. Uno/a describe su cuarto con los muebles y objetos, el/la otro/a dibuja el plano del cuarto en su cuaderno. Beschreibt euch gegenseitig euer Zimmer. Euer Partner/ eure Partnerin hört gut zu und zeichnet das Zimmer in sein/ihr Heft.

 4 a Escucha el texto y dibuja en el plano de la habitación de Pablo dónde están sus muebles y sus cosas.
`80041-06`

b Escucha otra vez y dibuja el escritorio y el armario de Pablo. ¿Cómo son? Wie beschreibt Pablo seinen Schreibtisch und seinen Kleiderschrank? Höre den Text noch einmal an und zeichne beide Möbelstücke in dein Heft.

 c En parejas, continuad el diálogo entre Pablo y Sofía.

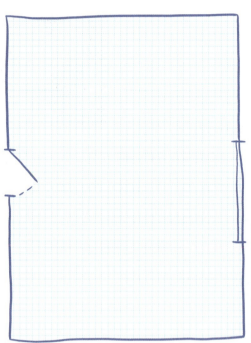

5 Completa con las formas correctas de los verbos tener que, querer y poder.

Hoy llegan los muebles de los Dörfler. Por fin _pueden_ (poder, ellos) ordenar su casa nueva. Es mucho trabajo, pero _quieren_ (querer) vivir en una casa bonita. Por eso _tienen que_ (tener que) poner los muebles en las habitaciones y ordenar todo.

Madre: Bueno, Daniel, si _quieres_ (querer), empezamos en tu habitación.

Daniel: Sí, mamá, vale. Pero antes _qiero_ (querer) hablar una cosa contigo: ¿dónde _puedo_ (poder) poner …?

El teléfono: Rrrring, rrrrrring …

Padre: ¿Diga?

Nicolás: Hola, soy Nicolás. ¿Me _puedes_ (poder) poner con Daniel?

Padre: Sí, un momento… Daniel, teléfono.

Daniel: ¿Sí?

Nicolás: Hola, soy yo. Oye, ¿_quires_ (querer) ir conmigo al centro?

Daniel: ¡Claro! Pero ahora no _puedo_ (poder), es que _tengo que_ (tener que) ordenar mis muebles … Pero _podemos_ (poder, nosotros) quedar esta tarde, ¿a las cinco?

Nicolás: Sí, vale. Entonces nos vemos a las cinco en tu casa.

Daniel: Genial, hasta luego.

Organizamos la casa 6

6 Completa con las formas de ser y estar.

¡Por fin! ¡Todo listo! Por la noche los mellizos _están_ en sus habitaciones. Ya lo tienen todo bien organizado. Las habitaciones de los mellizos _son_ muy bonitas y muy grandes. Les encantan. Pero también _están_ muy cansados y quieren irse a la cama. Normalmente _son_ muy activos y juegan mucho con Speedy, pero ahora ya _están_ en sus camas y chatean con los amigos. Speedy también está cansado: _está_ en el cuarto de Sofia y duerme en su cesto.

Los padres _están_ en la cocina y toman una copa de vino tinto[1]. Y, naturalmente, el vino _es_ de España, de La Rioja. Los vinos de España _son_ muy buenos.

[1] el vino tinto der Rotwein

7 a ¡Siempre lo mismo…! Completa las frases con la forma correcta de todos/as, todos los / todas las y todo el / toda la.

1. _____ (jeden Morgen) me levanto a las 7.15.
2. Estoy en el cole _____ (den ganzen Vormittag) hasta las tres de la tarde.
3. _____ (montags) por la tarde tengo clases de lengua.
4. _____ (alle Schüler) hacen el examen.
5. _____ (alle) tienen que hacer los deberes.
6. Estoy _____ (das ganze Wochenende) en casa porque tengo la gripe.
7. ¡Uff! Tengo que arreglar _____ (alles).

b Haz frases sobre tu horario. Di también a qué hora tienes cada asignatura.

Modelo: Todos los lunes tengo clase de matemáticas de 8 a 8.45.

B Una fiesta en casa

1 a Relaciona los doce meses con las estaciones del año y haz frases.

la primavera   el verano   el otoño   el invierno

Modelo: Es abril y estamos en primavera.

b Ordena las letras de los meses.

1. dmreeiibc
2. tbuorec
3. borefer
4. tiermspbee
5. vmenebior

2 Escribe las fechas en palabras.

1. 25-01   el veinticinco de enero
2. 19-03   el diezinueve de marzo
3. 11-04   el once de abril
4. 07-07   el siete de julio
5. 20-05   el veinte de mayo
6. 15-08   el quince de agusto
7. 03-06   el trec de junio

3 Lee el texto de la página 101 del libro y marca la respuesta correcta.

1. ¿Qué están haciendo los mellizos?
   - (a) Están organizando una fiesta.
   - b) Están escuchando música y bailando.
   - c) Están comiendo pizza.

2. ¿Qué tienen que comprar?
   - a) Decoración, dulces y bebidas.
   - b) Comida, CDs y decoración.
   - c) Bebidas, dulces y ropa para llevar a la fiesta.

3. ¿Qué hay de comida para la fiesta?
   - a) Quieren hacer pizza.
   - (b) Quieren comprar pizza en un restaurante.
   - c) Quieren comer en un restaurante.

4. ¿Por qué Daniel no puede poner la música a tope?
   - a) Porque los padres están haciendo algo y Daniel tiene que estar en silencio.
   - b) Porque los padres quieren irse a la cama.
   - (c) Porque Sofía no tiene ganas de escuchar música.

Organizamos la casa

 4 ¿Qué están haciendo? Mira las fotos y escribe qué están haciendo estos chicos.

5 Traduce y usa las formas del presente continuo.

1. Bei den Dörflers zu Hause machen die Zwillinge gerade ihre Hausaufgaben.
2. Die Mutter arbeitet im Moment und der Vater spielt gerade mit Speedy.
3. Im Haus der Großeltern liest der Opa gerade ein Buch.
4. Die Oma kocht im Moment.
5. In der Schule der Zwillinge in Düsseldorf lesen die Schüler gerade im Spanischbuch.
6. Gerade schreibt die Lehrerin etwas an die Tafel.

 6 Escucha el texto y contesta las preguntas con frases completas. 80041-06

1. ¿Cuándo llama Laura a Sofia?
   a el 2 de septiembre
   b el 5 de noviembre
   (c) el 2 de octubre

2. ¿Por qué la llama?
   a Quiere invitar a Sofia a una fiesta de inauguración.
   (b) Quiere invitar a los mellizos a su fiesta de cumpleaños.
   c Quiere quedar con Sofia para ir al cine.

3. ¿Qué hay de comida?
   a una pizza del restaurante de al lado
   b una pizza que prepara Laura
   (c) una pizza que prepara el papá de Laura

4. ¿Qué lleva Sofia?
   a Lleva gusanitos y palomitas.
   (b) Lleva unos CDs.
   c Lleva globos y limonada.

5. ¿Qué día van a casa de Laura?
   a el 23 de diciembre
   (b) el 21 de octubre
   c el 29 de octubre

6. Sofia no tiene la dirección de Laura. ¿Qué hacen?
   a Laura tiene una invitación para los mellizos con la dirección.
   (b) Laura le manda un mensaje a Sofia con la dirección.
   c Sofia le pregunta a su madre por la dirección.

B — Una fiesta en casa

7 Mira tu agenda de la próxima semana. Recibes muchas invitaciones. Decide si puedes o no puedes ir. Usa la caja de herramientas de la página 101 del libro para aceptar o rechazar la invitación. Schau dir deinen Terminplan für die nächste Woche an. Du bekommst viele Einladungen. Entscheide, ob du kannst oder nicht und sage zu oder ab. Begründe, falls du keine Zeit hast, und verwende die Redemittel auf S. 101.

- ¿Vienes a mi casa el domingo a las 4?
- ¡Te invito a celebrar mi cumple! Te espero el sábado a las 5.00 de la tarde en mi casa.
- ¿Vamos al cine el miércoles a las 5?
- ¿Tienes ganas de ir a la bolera el lunes a las 6?
- ¿Quieres ir de compras conmigo el martes por la tarde?

8 Busca las palabras españolas de los alimentos en la sopa de letras y relaciónalas con las fotos.
Suche die spanischen Wörter in der Buchstabensuppe und schreibe sie zu den passenden Zeichnungen. Sie sind den deutschen Wörtern sehr ähnlich!

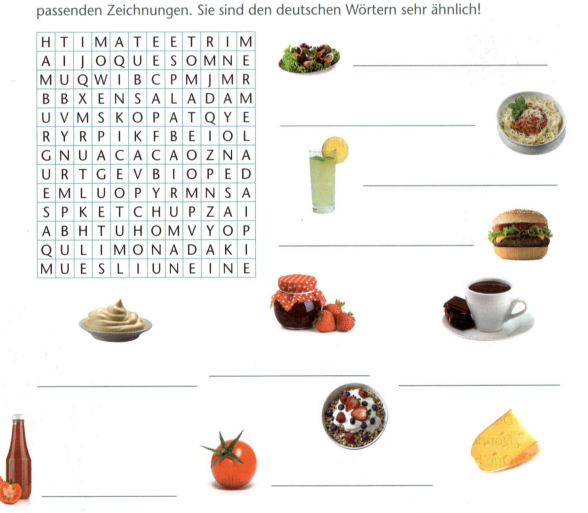

A | Un día normal en la vida de Sofía

Capítulo 7

1 Relaciona la afirmación con la foto y la hora correctas. Verbinde Foto, Uhrzeit und Aussage.

1. Me levanto a las siete y cuarto.
 14:20

2. Desayuno a las siete y media.
 7:30

3. Llego al colegio a las ocho.
 18:15

4. Llego a casa a las dos y veinte.
 16:00

5. Almuerzo a las dos y media.
 7:15

6. Estudio hasta las cuatro.
 14:30

7. Veo la tele hasta las cinco menos cuarto.
 8:00

8. Voy a jugar al fútbol a las seis y cuarto.
 16:45

2 Lee el texto de la página 110 del libro y contesta las preguntas.

1. ¿A qué hora se levanta Sofía de lunes a viernes?
2. ¿Cómo se organizan los mellizos con el baño?
3. ¿Por qué el padre casi nunca puede desayunar con la familia?
4. ¿Qué desayuna Sofía normalmente?
5. ¿Desde qué hora hasta qué hora tiene Sofía clases?
6. ¿Dónde y a qué hora almuerza Sofía?
7. ¿Qué hace Sofía en su tiempo libre?
8. ¿Qué dice Sofía sobre el Club Baloncesto Sevilla?
9. ¿Qué hace Sofía a las nueve y media de la noche?
10. ¿A qué hora se acuesta Sofía?

A — Un día normal en la vida de Sofía

3 Traduce los verbos al español y búscalos en la sopa de letras. Vorsicht, du musst in alle Richtungen und auch schräg suchen!

1. aufstehen
2. sich streiten
3. duschen
4. sich die Zähne putzen
5. bevorzugen
6. ausgehen, weggehen
7. beenden
8. zu Mittag essen
9. sich schlafen legen
10. sich kämmen
11. einschlafen

```
l e v a n t a r s e t
p ñ a c l o p f a g e
r n c o c m i w l h r
e x r s m o o q i j m
f l y t ñ s p r r a i
e s r a e l e p z r n
r d o r m i r s e a a
i u e s r a h c u d r
r t p e i n a r s e ñ
l c e p i l l a r s e
```

4 a Completa con el pronombre reflexivo.

__Me__ levanto a las 6, pero mis padres __se__ levantan ya a las 5 y media. Mi mamá siempre __se__ despierta a las 5, pero prefiere quedarse en la cama otra media hora antes de levantarse. Mi hermano menor siempre entra primero al baño. Solo __se__ lava los dientes y la cara porque los dos __nos__ duchamos por la noche antes de acostarnos. __Nos__ vamos al instituto a las 7 y media, pero antes desayunamos todos con calma. A veces __me__ duermo un rato en el autobús y __me__ despierto cuando llegamos. En el insti a veces también __me__ duermo en clase de mates ;-), mi amigo Pablo también, pero __nos__ despertamos antes del recreo, jeje. ¿Y tú? ¿También __tú__ duermes en clase? ¿Y a qué hora __os__ levantáis, tu familia y tú?

 b Contesta las preguntas de Álvaro.

5 Completa la tabla con las formas verbales correctas.

infinitivo	despertarse	preferir	dormir	acostarse
yo	me despierto	prefiero		
tú				
él / ella / usted				
nosotros/as				
vosotros/as				
ellos/as / ustedes				

Así pasamos nuestro día **7**

6 a María habla sobre su día a día. Completa con la forma correcta de los verbos.

Durante la semana _me levanto_ (levantarse, yo) a las siete y cuarto. Después de levantarme, _me ducho_ (ducharse, yo). Normalmente _desayuno_ (desayunar) churros con chocolate y _bebo_ (beber) un zumo. Después de desayunar, _salgo_ (salir) de casa a las ocho. Al llegar al colegio, _charlo_ (charlar) con mis amigos y _hacemos_ (hacer) los deberes. Las clases _empiezan_ (empezar) a las nueve. Hay un recreo a las doce y _comemos_ (comer, nosotros) a la una y media. El instituto _termina_ (terminar) a las tres y media. _Vuelvo_ (volver, yo) a casa a las cuatro. _Ceno_ (cenar) con mi familia a las siete. Normalmente _voy_ (ver) la televisión pero casi siempre voy a casa de un amigo. _Me cepillo_ (cepillarse, yo) los dientes y después _me acuesto_ (acostarse) normalmente a las diez y media o a las once.

 b Ahora María y su hermana Flor hablan sobre su día a día. Copia el texto en tu cuaderno. Jetzt sprechen María und ihre Schwester Flor über einen normalen Tag in ihrem Leben. Schreibe den Text in dein Heft.

Modelo: Durante la semana nos levantamos a las siete y cuarto. Después de levantarnos, …

 7 Escribe un texto y describe un día normal en la vida de Lupe. Une tus frases con estas palabras.

> primero • luego • entonces • al final • finalmente • antes de • después de • a las … horas • de … a … horas • desde las … hasta las … • pero • y • o • además • también

aufwachen
aufstehen
duschen
sich die Zähne putzen
sich anziehen
frühstücken
zur Schule gehen
Unterricht haben
in der Pause mit Freunden sprechen
nach Hause kommen
zu Mittag essen
Musik hören
Hausaufgaben machen
telefonieren
zu Abend essen
ins Bett gehen
lesen
einschlafen

 8 Mira el vídeo y describe la rutina diaria de Sam el gato.

B Un fin de semana en familia

1 Lee el texto 7B (p. 116) y decide si las frases son correctas o falsas. Corrige las frases falsas.

	correcto	falso
1. Este sábado Gerald, el padre, no tiene que trabajar.	X	
2. "El Tío Pepe" es el bar favorito de Daniel.		X
3. El miércoles Gerald tiene que volar a Colombia.		X
4. El padre pide un bocadillo de queso y jamón.	X	
5. La madre prefiere un bocadillo de jamón.		X
6. A los niños les encantan los churros.	X	
7. La tortilla española solo lleva huevos, sal y cebolla.		
8. Después de desayunar la familia quiere ir de compras.	X	
9. Por la tarde la familia quiere ir de tapas.	X	
10. El domingo Sofia y Daniel quieren cocinar con la abuela.	X	

2 Ordena el diálogo y escríbelo en tu cuaderno en orden cronológico.

- El camarero: Buenos días, ¿qué te pongo? **1**
- Juan: Quiero desayunar. **2**
- El camarero: Aquí está el menú de desayunos. **3**
- Juan: Gracias. A ver … Quiero un bocadillo de jamón y queso. **4**
- El camarero: Muy bien. ¿Y para beber? **5**
- Juan: Un café con leche, por favor. **6**
- El camarero: ¿Algo más? **7**
- Juan: Por el momento no, gracias. **8**

3 Completa el texto con a donde sea necesario. Wo fehlt die Präposition a? Vervollständige den Text.

Los mellizos están en el supermercado.

Sofia: Daniel, ¿ _a_ quién buscas?

Daniel: Busco _a_ papá porque tengo una pregunta. Y tú, ¿ _/_ qué estás buscando?

Sofia: Estoy buscando _/_ el nuevo CD de Melendi.

Daniel: ¿De Melendi? Pues _a_ mí Melendi no me gusta.

Sofia: ¿No? Pues _a_ mí me encanta. Tengo _/_ todos sus discos y quiero comprar también _a_ su nuevo CD.

Daniel: Pobre Sofia, creo que hoy no puedes comprar _/_ el CD, jajaja.

Sofia: ¿Por qué, Daniel? ¿Qué pasa? ¿Ves _/_ el CD o no lo ves?

Daniel: ¿Ves _a_ esa chica? ¡Está comprando _/_ el último CD!

Sofia: ¡Nooo!

Así pasamos nuestro día **7**

4 Completa con la forma correcta del imperativo en singular o plural.

1. _esperad_ (esperar, vosotros) aquí. Ahora vuelvo.
2. _hablas_ (hablar, tú) más alto, por favor.
3. _completad_ (completar, vosotros) las frases.
4. _leed_ (leer, vosotros) los textos para mañana.
5. _pona_ (poner, tú) tus cosas en el armario.
6. _venid_ (venir, vosotros) a mi casa el jueves.
7. _haces_ (hacer, tú) los deberes ya. Es casi la hora de dormir.
8. _tienes_ (tener, tú) cuidado.
9. _vas_ (ir, tu) a buscar a tu padre.
10. _comed_ (comer, vosotros) las tapas.

5 Traduce al español.

1. Sei / Seid pünktlich. _Se / Seed puntual_
2. Öffne / Öffnet das Heft. _abre / abrid el cuaderno_
3. Schreibe / Schreibt eine Nachricht. _Escribe / Escribid el mensaje_
4. Sag / Sagt die Wahrheit. _de / decid la verdat_
5. Warte / Wartet auf Juan. _espera / esperad a juan_
6. Mach / Macht das Bett. _hac / haced la cama_

6 Escribe:

tres frutas: _____

tres verduras: _____

tres bebidas: _____

lo que lleva la tortilla española: _____

7 ¿Qué alimento es? ¡Adivina!

Se hace con leche de vaca,
de oveja y de cabra
y sabe a beso
¿Qué es eso?

No toma té, ni toma café,
y está colorado,
dime ¿quién es?

No soy de oro,
plata no soy,
ya te he dicho
quién soy.

cincuenta y cinco **55**

B Un fin de semana en familia

 8 ¿Cómo preparas una tortilla española? Escribe la receta en tu cuaderno. Utiliza el imperativo y los conectores.

pelar un kilo de 🥔 y una 🧅
cortar las 🥔 y la 🧅
calentar (e→ie) el 🫒 en una sartén¹
dorar² las 🥔 y la 🧅 en la sartén
batir³ 9 🥚 y poner 10 gramos de 🧂
echar los 🥚 sobre las 🥔 y la 🧅
dar la vuelta a la tortilla después de 5 minutos
esperar 3 minutos antes de comer la tortilla

¹ la sartén die Pfanne; ² dorar anbraten; ³ batir schlagen; ⁴ dar la vuelta a wenden

 9 a Chocolate con churros sind eine spanische Spezialität. Deine Mutter hört zum ersten Mal von churros und interessiert sich dafür. Lies den Text und erkläre ihr
- welche Region besonders bekannt für churros ist.
- woher die Tradition der churros stammt.
- was das Geheimnis guter churros ist.

 b Escribe la receta en alemán para tu madre.

churros

Desayunar con churros es una tradición muy antigua. Ya se acompañen con chocolate o bien con café con leche, su sabor es especialmente conocido en Madrid, una de las ciudades de España donde más se consumen. Comprarlos en la churrería de la esquina es algo común en nuestras vidas. Sin embargo, no se sabe de dónde proviene esta tradición.
Hay varias teorías al respecto. Unos dicen que comenzaron a consumirse en Cataluña a principios del siglo XIX, otros creen que son los árabes quienes los traen a la Península Ibérica. No existe ninguna versión oficial sobre su origen, ya que no hay ningún tipo de documentación fiable al respecto.
El secreto para hacer bien los churros está en su masa. Para preparar una masa perfecta hay que mezclar en riguroso orden la harina de trigo, la sal y finalmente, se añade el agua cociendo. Con la masa bien ligada, es el momento en el que pasa a 'la churrera'. Se fríen en abundante aceite muy caliente hasta que estén dorados. Los verdaderos churros se sirven tal cual, pero se pueden espolvorear con azúcar.

Receta:
2 tazas de harina de trigo (250g)
2 tazas de agua (250ml)
2 pellizcos de sal
aceite vegetal

- Poner el agua salada a calentar.
- Poner la harina en un recipiente.
- Verter el agua hirviendo sobre la harina y con la cuchara remover hasta que se moje toda la harina. La pasta debe resultar espesa.
- Poner al fuego una sartén con aceite abundante (un dedo por lo menos).
- Cargar la churrera con la pasta.
- Freir los churros en el aceite bien caliente.
- Servir los churros espolvoreados con azúcar fina.
- Consumir preferiblemente caliente.

A Triana mola mucho

Capítulo 8

 1 Lee el texto de la página 128 del libro y completa las frases.

1. El barrio de Triana es muy __antiguo__ y __encantador__. Es como un __pueblo__ dentro de Sevilla.
2. En la Plaza del Altozano está __el mercado__. Allí puedes comprar __frutas, verduras, pescados, flores y cerámicas__.
3. El Teatro Casala está __en el ultimo mercado__.
4. El Puente de Isabel II une __el centro de sevilla__ con __el barrio de triana__.
5. La calle Betis está __bonito__. Allí hay casas __de colores sus bonitas__.
6. La iglesia del barrio se llama __Santa Ana__. Es __impresionante__ por dentro.
7. A Daniel y Sofía les gusta mucho el barrio porque __hay de todo__.

 2 a ¿Qué es, cómo es y dónde está? Escribe lo que ves en las fotos con el artículo correspondiente.

b Describe las cosas de las fotos con la ayuda de los adjetivos.

Modelo: El cine es muy grande y moderno.

> grande • pequeño • importante • moderno • antiguo • impresionante •
> alto • bajo • encantador • estrecho • ancho • famoso • largo

A Triana mola mucho

3 a Mira el dibujo y marca si las frases son correctas o falsas. Corrige las frases falsas.

	correcto	falso
1. El barrio de Aranjuez es muy tranquilo. Hay pocos coches y poca gente.		El barrio de Aranjuez es muy ruydoso. Hay muchos coches y mucha gente
2. A la derecha hay una heladería.		La Heladería está a la izquierda
3. Enfrente de la heladería está la iglesia.	X	
4. El barrio tiene una panadería y una pizzería.	X	

b Describe el dibujo. Haz, por lo menos, ocho frases.

c Elige una persona del dibujo y describe el barrio desde su perspectiva. ¿Cómo es el barrio? ¿Le gusta o no?

Modelo: Hola, me llamo … y tengo … años. Vivo en el barrio … (No) me gusta mucho porque …

4 a Completa con una forma del verbo ir + a, en, al o a la

1. Todos los lunes (yo, ir) _____ escuela _____ bici.
2. Mis padres (ir) _____ trabajo _____ coche.
3. (Yo, ir) _____ centro _____ autobús o _____ metro.
4. Normalmente (yo, ir) _____ cole _____ pie.
5. Los fines de semana (nostros, ir) _____ polideportivo _____ caballo.

b ¿Cómo vas a …? Forma frases.

5 a ¿Cómo se forma el imperativo? Repite la regla con tu compañero y completad la tabla.

Verbo	mirar	leer	abrir	poner	tener	ir	decir
tú							
vosotros/as							

Recorremos nuestro barrio — 8

b Tu compañero/a es ahora un robot. Prepara órdenes para él/ella. Él/Ella tiene que cumplir tu orden.

facultativo

6 El mejor amigo de Daniel y Sofia, Maximilian, también quiere aprender cómo explicar el camino en español y toma apuntes. Ayúdale.

So frage ich nach dem Weg: **Preguntar por el camino**

_____

_____

So beschreibe ich den Weg: **Describir el camino**
Tienes que ...

_____

_____

_____

_____

facultativo

7 La estación Plaza de Cuba

Roberto trabaja en la estación de metro Plaza de Cuba. Muchas personas le preguntan por el camino … . `80041-08`

Escucha los dos diálogos y marca el camino en el mapa. ¿Qué buscan y a dónde llegan las personas? Höre dir den Dialog an und zeichne den Weg in der Karte nach. Was suchen die Personen und an welchem Punkt auf der Karte kommen sie an?

Persona A : _____

Persona B: _____

cincuenta y nueve **59**

A Triana mola mucho

facultativo

8 ¿Cómo llegar a casa de María?

a Quieres quedar con María en su casa. María te escribe un papelito con la descripción del camino desde la estación hasta su casa, pero cuando llegas a casa, el papel está mojado. ¿Puedes descifrar la descripción con la ayuda del mapa?
Du willst María bei ihr zu Hause besuchen. Sie schreibt dir auf, wie du von der Bushaltestelle zu ihr nach Hause kommst. Leider läuft deine Flasche aus und der Zettel ist schlecht lesbar. Kannst du die Wegbeschreibung mit Hilfe der Karte rekonstruieren?

> Mira, para ir a mi casa desde la estación tienes que bajar la Avenida de Alvar Núñez y _____ la primera calle a la _____. Vas unos metros y _____ a la _____ en la calle Batán. Después todo recto y _____ la tercera _____. Es la calle Dolores León. Allí tienes que seguir _____ hasta el número 23. Está a la _____. Es muy fácil. Nos vemos.

b Marca dos puntos en el mapa A y B: Estás en A y buscas B. Pregúntale a tu compañero cómo llegar allí. Tu compañero te describe el camino. Representad el diálogo delante de la clase. Markiere zwei Punkte auf der Karte, A und B: A ist dein Standort und B ist dein Ziel. Frage deinen Mitschüler, wie du zu B kommst. Dein Mitschüler beschreibt dir den Weg. Spielt den Dialog vor der Klasse vor. M I 4.2

c Elige dos puntos en el mapa A y B. Describe el camino de A a B en tu cuaderno, pero no digas qué es B. Presenta tu descripción a tu compañero. ¿Llega al lugar correcto? Suche auf der Karte zwei Punkte aus, A und B, und beschreibe den Weg von A nach B. Verrate dein Ziel aber nicht! Beschreibe den Weg in deinem Heft und stelle ihn dann deinem Mitschüler vor. Dieser verfolgt deine Wegbeschreibung und benennt anschließend das Ziel. Hast du ihn an den richtigen Ort geführt?

B ¿Qué me pongo?

1 En el mercadillo
Lee otra vez el texto de las pág. 139–140 y contesta las preguntas. Escribe frases completas.

1. ¿Por qué los amigos van al mercadillo?
   _____

2. ¿Qué ropa le gusta a Sofía en el mercadillo?
   _____

3. ¿Cuánto cuestan las faldas?
   _____

4. ¿Qué talla tiene Sofía?
   _____

5. ¿Por qué no compra la falda azul?
   _____

6. ¿De qué color es la blusa que se pone Sofía en el probador?
   _____

7. ¿Qué compra Sofía y cuánto cuesta?
   _____

2 Escribe el color de las cosas.

1. El color del mar _____
2. El color del tomate _____
3. El color del sol _____
4. El color de las aceitunas _____
5. El color de la leche _____
6. El color de un ratón _____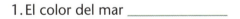
7. El color de una castaña _____
8. El color de una berenjena _____
9. El color de un cerdo _____
10. El color de tus ojos _____

B ¿Qué me pongo?

3 ¡Qué desorden!
Escribe el nombre y los colores de las prendas de ropa de la habitación de María.

1._____

2._____

3._____

4._____

5._____

6._____

7._____

4 Completa las frases con la forma correcta de ponerse o llevar y el nombre de la prenda (y su color).

Modelo: "Javi, ¿qué haces?" – "Me pongo el jersey."

 1. "Chicos, ¿dónde estáis?" – "Estamos aquí mamá, _____ las _ _ _ _ _ _ _ _ _ _ _ _."

2. La chica _____ un _ _ _ _ _ _ _ _ _ _ _ .

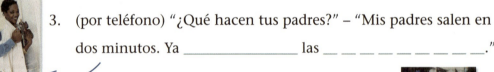

3. (por teléfono) "¿Qué hacen tus padres?" – "Mis padres salen en dos minutos. Ya _____ las _ _ _ _ _ _ _ _ _ _ ."

4. "Hola Pilar, ¡qué guapa estás hoy!" – "Gracias, _____ mi nueva _ _ _ _ _ _ _ _ _ _ _ _ _ _ _ con mi _ _ _ _ _ _ _ _ _ _ ."

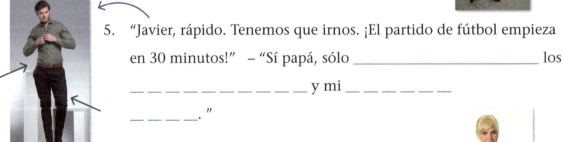

5. "Javier, rápido. Tenemos que irnos. ¡El partido de fútbol empieza en 30 minutos!" – "Sí papá, sólo _____ los _ _ _ _ _ _ _ _ _ _ _ y mi _ _ _ _ _ _ _ _ _ ."

6. "Oye, Valeria. ¿Qué _____ para el concierto?"
– "Hm, me pongo mi _ _ _ _ _ _ _ _ _ _ _ y mis _ _ _ _ _ _ _ _ _ _ _ _ _ . ¿Qué te parece?"

5 Completa las frases con el adjetivo adecuado.

> bonito • deportivo • elegante • formal • cómodo • feo

1. Mi papá trabaja en una empresa[1] grande. Siempre lleva ropa muy _____, como, por ejemplo, traje con corbata.

[1] la empresa das Unternehmen

2. Para el concierto en el insti Sofia quiere comprar algo _____ .

3. Los fines de semana cuando estoy en casa siempre me pongo ropa _____ .

4. El color marrón no me gusta nada. Para mí, estos vaqueros marrones son muy _____ .

5. Sofia, la blusa blanca va muy bien con la falda negra. ¡Qué _____!

6. En mi tiempo libre siempre llevo ropa _____ porque hago mucho deporte.

6 Completa con las formas correctas de este/ese/aquel.

1. ¿Puedes pasarme e____ libro que está en la mesa? – Claro, aquí lo tienes.
2. ¿Ves aque_____ puente? Es el puente de San Juan.
3. ¿Qué me pongo? ¿Est_____ falda verde o es_____ pantalones? – Hm, ¿por qué no te pones aque_____ vaqueros? Mira, van muy bien con tu jersey.
4. ¿Qué blusa prefieres? ¿Est____? – No, es_____, la nueva.
5. Mira est_____ vestido. ¡Qué bonito! – Sí, y también muy caro.
6. ¿Ves es_____ dos personas? Son los padres de Julio. - ¿Qué personas? ¿Es____ hombre con la chaqueta negra y es_____ mujer que lleva el vestido azul?

 7 Vas de compras con tu amigo/tu amiga. Estáis en una tienda de ropa. Escribid un diálogo, practicadlo bien y presentad la escena de forma libre en clase. (¡Podéis traer ropa de casa para vuestra presentación!)

B ¿Qué me pongo?

8 Los adolescentes y la moda

a Mirad la foto. ¿Qué veis? ¿Qué os llama la atención?

b Ahora leed el título del texto. Formulad una hipótesis sobre de qué habla el texto.
Worum könnte es in dem Text gehen?

Los adolescentes y la moda

La moda es para muchas personas una expresión cultural. Otros en cambio lo consideran una tontería o algo sin importancia. Pero además [...] la moda tiene un efecto muy importante en las familias [...] suele ser la principal fuente de conflictos entre padres e hijos. Frases como „así vestido no puedes salir" o „me da igual que los demás lo lleven, tú no lo llevarás" [...] son más que habituales entre los padres de los adolescentes. Pero lo quieran o no, la moda forma parte de la vida de una gran parte de los adolescentes. Y no solo eso, en la mayoría de los casos, la moda es una forma de comunicación [...]. Además, los conflictos por esta causa, [...] no suelen ser muy importantes [...]. Evitar o disminuir esos conflictos es posible. Para ello es bastante razonable [...] entender cuáles son las funciones de la moda.

Las funciones de las modas para los adolescentes.

- **definir la identidad:** la moda es una posibilidad para definir su identidad porque los adolescentes pueden elegir cómo quieren ir vestidos o peinados. Y esta es una cuestión importante.
- **pertenecer a un grupo:** También la adolescencia es el momento en el que los chicos y las chicas buscan la socialización fuera de la familia. En ese momento es muy importante para ellos la pertenencia a un grupo. Y la moda les ayuda a mostrar que forman parte de unos u otros grupos o movimientos juveniles.
- **explorar su creatividad:** También en la adolescencia cuando el pensamiento abstracto comienza a tener importancia en sus mentes, explorar la propia creatividad es importante para los adolescentes. La moda es una fórmula más de hacerlo. [...]
- **nos da información sobre ellos:** Muchos adolescentes siguen a personajes famosos [...]: cantantes, actores o actrices, modelos o simplemente famosos. [...] eso nos da información sobre nuestros hijos, sobre qué o a quién admiran y sobre cuáles son sus intereses. Esto puede ayudarnos a entender mejor a nuestros adolescentes.

Autora: Victoria Toro; fuente: http://adolescentes.about.com/od/Hobbies/a/Adolescentes-Y-Moda.htm (01.03.2015)   (texto adaptado)

c Lee el artículo. Tiene muchas palabras nuevas, pero seguro que las entiendes. Piensa en las técnicas que ya conoces e intenta deducir el significado de las palabras marcadas.
M I 2.4   In dem Text gibt es sicherlich viele neue Wörter. Konzentriere dich zunächst auf die unterstrichenen Wörter und versuche sie mit Hilfe dir bekannter Techniken zu erschließen. Markiere in einer Tabelle in deinem Heft, welche Methode dir geholfen hat.

palabra o expresión	hergeleitet aus einer anderen Sprache (Deutsch, Englisch o. a)	Wortfamilie, bereits bekanntes spanisches Wort	Kontext oder Weltwissen
ej.: una expresión cultural	x expression (engl.), kulturell (deutsch)	x expresión = Ausdruck	

Recorremos nuestro barrio   8

d Ahora busca las palabras que te parecen difíciles en un diccionario o pregunta a tu profesor/a.

e Habla con tu compañero/-a (en alemán) sobre la información más importante del texto. ¿Hay algo que todavía no entiendes? Quizás un compañero/una compañera puede ayudarte.

f Tus padres a veces te dicen algo como „así vestido no puedes salir" o „me da igual que tus amigos lo lleven, tú no lo llevarás"? Explícales a tus padres por qué la moda es importante (o no) para ti. Utiliza las palabras/expresiones del texto. Puedes empezar con: *Para mí la moda (no) es (muy) importante, porque … o (No) me importa la moda, porque …*

_____

_____

_____

9 a Haced una encuesta. ¿A quién le importa la moda? ¿A quién no y por qué? Utilizad vuestros comentarios del ejercicio 8f para explicar vuestras respuestas.

Nombre	sí	no	¿por qué?

b Presentad los resultados en clase:

A X la moda (no) le interesa porque …

A X (no) le importa la moda porque …

A ¿Adónde ir el fin de semana?

Capítulo 9

1 La familia Dörfler hace unas propuestas para el próximo fin de semana. Pon las imágenes en orden y explica quién no está de acuerdo y por qué.

Daniel: La playa, ¡qué aburrido!

2 a Marca si la información es correcta, falsa o si no está en el texto p. 148 de tu libro.

	correcto	falso	¿?
1. El fin de semana hace mal tiempo en Sevilla.	☐	☐	☐
2. Los Dörfler quieren visitar a los abuelos en Barcelona este fin de semana.	☐	☐	☐
3. El padre tiene un vuelo a Barcelona este fin de semana.	☐	☐	☐
4. A Daniel no le gusta mucho tomar el sol.	☐	☐	☐
5. Daniel quiere jugar al fútbol todo el fin de semana.	☐	☐	☐
6. La madre propone caminar en la montaña.	☐	☐	☐
7. Las entradas para el partido cuestan 33 euros.	☐	☐	☐
8. La familia quiere ir a Barcelona en avión.	☐	☐	☐

b Corrige las frases falsas.

Nos vamos de vacaciones

9

 3 Escucha y marca la frase correcta. 80041-09

1. a María invita a Sofia a un concierto esta tarde.
   b María quiere ir con Lupe al cine.
   c María y Lupe quieren ir a Barcelona con la Familia Dörfler.

2. a María propone ir al zoo y ver el acuario más grande de Europa.
   b María propone ir al zoo y a la playa más grande de Barcelona.
   c María propone ir al mercado más famoso de España.

3. La madre de Sofia siempre dice que …
   a Barcelona es una ciudad dinámica pero no hay muchos museos.
   b Barcelona es una ciudad con muchos monumentos viejos.
   c Barcelona es una ciudad con mucho arte, mucha luz y color.

4. ¿Qué dice Sofia sobre sus planes con Claudia?
   Las dos chicas van a …

_____   _____   _____

 4 Forma frases con el futuro inmediato.

Claudia y Sofia			acostarse	muchas fotos.
Yo			cenar	al baloncesto el próximo fin de semana.
Daniel	ir		comprar	un fin de semana fenomenal.
Vosotros	a		tener	muy tarde durante las vacaciones.
Mi familia y yo			jugar	crema solar y unas gafas de sol.
Tú			hacer	en un restaurante bonito con toda la familia.

5 ¿Qué va a hacer la familia Dörfler en Barcelona?
Completa el texto con los verbos en futuro inmediato.

> venir • visitar • pasar • llover
> • ver • comer • ir de compras
> • caminar • beber • nadar •
> ir (2x) • salir • hacer

Daniel: El próximo fin de semana _____ en Sevilla. ¡Qué mala suerte!

Sofia: No pasa nada porque en Barcelona _____ buen tiempo. ¡Entonces vamos allí!

Carmen: Sí, sí perfecto. _____ (nosotros) ____ a Sevilla.

Sofia: Claudia _____ de visita así que _____ un finde súper chulo.

A   ¿Adónde ir el fin de semana?

Carmen: ¡Qué buena idea: _____ por el centro! Papá y yo _____ a unos museos interesantes y sobre todo yo _____ la Sagrada Familia, una catedral muy impresionante.

Daniel y Sofia: Sí y nosotros _____ a la playa y _____ en el mar.

Sofia: De todas formas yo _____. Necesito una nueva falda y unos zapatos. Papá y Daniel seguro que _____ el partido de Barça, ¿no mamá?

Carmen: Jaja, sí, creo que sí.

Daniel: ¡Ay qué bien! _____ un helado en la Plaza de España y _____ una horchata.

Sofia: ¿Qué es una horchata?
Daniel: Es una bebida muy rica.
Sofia: Ah vale.

6 ¿Qué va a hacer Pablo el próximo fin de semana? Escribe un texto.

Empieza con:
El próximo finde voy a ... .
Mis amigos y yo vamos a ... .

pasear	mi abuela
ir en	al centro
cenar	con Chulo
visitar	monopatín
jugar	con la familia
ir	a Chulo
...	...

7 Completa el texto siguiente con el nuevo vocabulario del capítulo 9A.

El _____ (nóprocosti) dice que el próximo fin de semana va a _____ (erovll) en toda España. Pero hoy por suerte _____ (ache lorac). En Sevilla por ejemplo _____ (hcea los), hace 20° C _____ (dosagr). En Oviedo, en el norte de España _____ (haec rífo) y por la noche aún hay _____ (tamentor). En Alemania _____ (ienva) mucho así que todos los niños están súper contentos. En Francia _____ (ceah tveino). Sobre todo en el norte _____ (etás bundola). No hay mucha gente en las calles. Como hace buen tiempo, la familia Dörfler quiere hacer una excursión en la _____ (tañmona). Carmen propone hacer una _____ (nacamita) y disfrutar de la _____ (turnalezaa).

68   sesenta y ocho

¡El _____ (*sapajei*) es impresionante! A los mellizos les encanta. No quieren dormir en un hostal pero _____ (*camapar*) en la montaña. Además su papá les va a contar un _____ (*tocuen ed rorrte*).

8 Haz una red de vocabulario relacionado con cómo pasar un fin de semana. Piensa en el tiempo que hace y en las actividades que se pueden hacer. Welche neuen Wörter kennst du? Erstelle ein Vokabelnetz und denke an das Wetter und an Freizeitaktivitäten, die man machen kann.

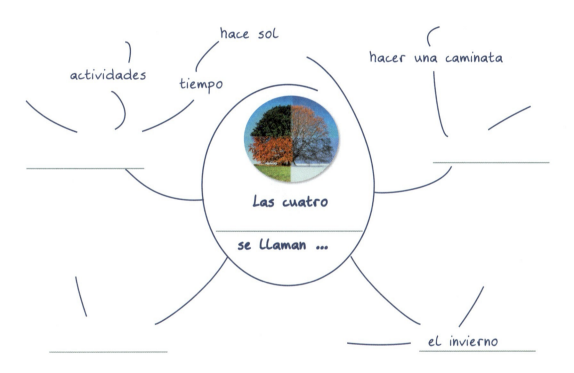

9 Las vacaciones de mis sueños

   a Busca en internet un lugar y un hotel para pasar las vacaciones de tus sueños con tu familia o tus mejores amigos. Imprime unas fotos y preséntalas a la clase. Describe qué hay en el lugar y cómo es el hotel.

   b Elige las mejores vacaciones y justifica tu opinión.

> Me ecanta la idea de ... / de pasar las vacaciones en ... / en el hotel ... porque ...

B Un fin de semana en Barcelona

 1 Lee el texto de las páginas 154–155 de tu libro y corrige las frases siguientes.

1. El viernes Claudia y Sofia se fueron al Barrio Gótico y allí entraron en dos museos famosos.
   _____

2. Sofia y Daniel tuvieron una habitación juntos pero Claudia durmió sola en su habitación.
   _____

3. Daniel no vio a Neymar en el partido porque ese día Neymar estuvo enfermo.
   _____

4. La madre de Carmen dice que el año pasado fue a Barcelona con una amiga.
   _____

5. Las entradas del Camp Nou cuestan cinco euros.
   _____

6. A Daniel no le gustó la comida en el mercado de la Boquería.
   _____

2 Lee el texto y marca con una cruz la respuesta correcta.

> **Daniel:** ¡Hola Raúl!
> **Raúl:** ¡Hola chaval! ¿Qué tal tu finde?
> **Daniel:** Genial, pasé unos días fenomenales en Barcelona. Fui con mi papá a ver el partido entre el Barça y el Madrid.
> **Raúl:** ¡Qué chulo! Vi el partido en la tele. El Barça ganó, ¿verdad?
> **Daniel:** Sí, sí, ganaron dos a uno.
> **Raúl:** ¿Y tu mamá y Sofia ¿qué hicieron?
> **Daniel:** Pues, las dos se fueron con Claudia a la playa a tomar el sol pero a mí no me gusta mucho. Bueno, mejor así … un poco más de tranquilidad, jajaja.
> **Raúl:** Jajaja, claro. ¿Y visitaste también otros lugares?
> **Daniel:** Sí, paseamos por el centro, vimos la Sagrada Familia, el Parque Güell y también el Barrio Gótico. Caminamos muchísimo. Ahora estoy bastante cansado.
> **Raúl:** Yo me fui a casa de un amigo y por la noche quedé con otros amigos del cole … y nos fuimos a la bolera.
> **Daniel:** ¿Ganaste?
> **Raúl:** Ya me conoces. Juego como un profesional, jajajaja.
> **Daniel:** ¿Y el domingo?
> **Raúl:** Pues, el domingo me fui al polideportivo con mi papá. Jugamos al squash. Mola mucho.

Nos vamos de vacaciones 9

Daniel: Ah sí, ¿es un poco como el tenis, verdad?
Raúl: ¡Sí, exacto! Vale, oye, hablamos otro día …
Daniel: Sí, claro, hasta pronto.
Raúl: Chao.

1. Barcelona ganó

   3:0   2:1   2:3

2. Daniel está

   porque su hermana y Claudia no fueron a ver el partido.

3. Después del fin de semana en Barcelona Daniel se siente
   ☐ triste   ☐ energético   ☐ cansado

4. ¿Qué hizo Raúl el fin de semana?
   El sábado:

   El domingo:

3 ¿Qué hicieron los abuelos de los mellizos el fin de semana pasado?
Formula frases con la ayuda de los verbos y piensa en tres ejemplos más.

El fin de semana pasado los abuelos …
La abuela/el abuelo …

invitar a sus vecinos • *hablar* de nuevas recetas • *beber* una copa de vino • *jugar* a las cartas • *ir* al supermercado • *hacer* la compra • *preparar* la comida • *jugar* al golf • *ver* la tele

B Un fin de semana en Barcelona

4 El año pasado los mellizos y sus padres se fueron a Alemania para visitar a su prima Claudia. Durante esas vacaciones Daniel conoció un pájaro especial … Completa el texto con los verbos en pretérito indefinido.

Daniel: El año pasado _____ (ser) una pasada en Alemania. Nosotros _____ (hacer) tantas cosas. ¿Te acuerdas, Sofia?

Sofia: ¡Sí, claro! Yo _____ (ir) de compras con mamá a la Königsgalerie y _____ (comprarse) esa falda súper bonita. Pero es bastante caro comprar allí.

Daniel: A mí me _____ (gustar) quedar con todos los viejos amigos que tenemos todavía en Alemania. Ay y que _____ (visitar) con papá una feria de coches antiguos.

Sofia: Daniel, ¿te acuerdas de ese día cuando _____ (nosotros/caminar) una hora por el centro y _____ (nosotros/ tomarse) un helado gigante en 5 minutos? Yo me _____ (comer) un helado de vainilla y creo que tú, un helado de chocolate.

Daniel: ¡Ay no quiero hablar de ese día!

Sofia: Jajaja, y tú te _____ (comprar) una coca cola y no _____ (mirar) tu helado cuando _____ (venir) ese pájaro tan agresivo.

Daniel: Ay sí, me _____ (picar) todo el tiempo hasta que yo _____ (dejar) mi coca cola. ¡Qué mala suerte! _____ (ensuciarse) completamente.

Sofia: Y luego _____ (venir) muchos más pájaros y te _____ (picar) así que _____ (nosotros/tener que) correr hasta casa. Al final _____ (perder) mi pobre hermanito contra un pájaro …

5 ¿Cómo lo dices en español?

- Neymar schießt ein Tor!
- Der FC Barcelona gewinnt das Spiel.
- Ich bleibe heute zu Hause.
- Es hat wie aus Kübeln geregnet.
- Wir vermissen dich!
- Die Mädchen teilen sich ein Zimmer.
- Was für Erinnerungen!

T Tándem

Capítulo 1

Eres nuevo en España. Te presentas en español por primera vez. Du bist neu in Spanien und stellst dich zum ersten Mal auf Spanisch vor.

A	B
Grüße dein Gegenüber, stelle dich vor und frage ihn/sie nach seinem/ihrem Namen.	Hola, me llamo … ¿Cómo te llamas?
Me llamo …	Du antwortest auf die Frage.
Du verstehst nicht und fragst nach der Schreibweise.	¿Cómo? No entiendo, ¿cómo te llamas?
…, ¿y tú?	Du buchstabierst deinen Namen und fragst verkürzt zurück („… und du?").
Du antwortest auf die Frage	Me llamo … .
¿De dónde eres?	Du fragst, woher dein/e Partner/in kommt.
Du gibst die gewünschte Information.	Soy de … .
¿Cómo? No entiendo. ¿De dónde eres?	Du gibst zurück, dass du es nicht verstanden hast. Bitte ihn/sie, das Wort zu buchstabieren.
Du reagierst auf die Anfrage und fragst, woher dein Gegenüber kommt.	… ¿Y tú, de dónde eres?
Soy de … ¿Qué es … para ti?	Antworte und erkundige dich was er/sie mit seinem Heimatort verbindet.
Du antwortest und fragst, was er/sie mit seinem/ihrem Heimatort verbindet.	Para mí, … es … ¿Qué es … para ti?
Para mí, … es … Muchas gracias. Adiós.	Du antwortest auf die Anfrage. Jetzt bedankst du dich und verabschiedest dich.
Du bedankst dich auch und sagst: „Bis bald".	Muchas gracias. Hasta luego.

Tándem

Capítulo 2

Hablas con un amigo español/una amiga española sobre datos personales, los hermanos y las mascotas.

A	B
Grüße dein Gegenüber, nenne deinen Namen und dein Alter und frage nach seinem/ihrem Namen und Alter.	Hola, me llamo _____ y tengo _____ años. Y tú, ¿cómo te llamas? Y ¿cuántos años tienes?
Me llamo _____ y tengo _____ años.	Beantworte die Fragen.
Frage, ob er/sie neu hier ist.	Ah … ¿Eres nuevo aquí?
Sí, soy nuevo aquí. Soy de … , pero ahora vivo aquí, en _____ . ¿Y tú? ¿De dónde eres?	Stimme zu und sage, wo du herkommst. Erkläre, dass du jetzt aber hier in _____ wohnst. Frage, woher dein Gegenüber kommt.
Beantworte die Frage.	Yo soy de …
¿Tienes hermanos?	Frage, ob er/sie Geschwister hat.
Sage, dass du einen Bruder und zwei Schwestern hast. Dein Bruder ist 16, deine Schwestern sind Zwillinge und 10 Jahre alt. Frage, ob dein Gegenüber Geschwister hat.	Sí, tengo un hermano y dos hermanas. Mi hermano tiene 16 años y mis hermanas son mellizas y tienen 10 años. Y tú, ¿tienes hermanos?
No, no tengo hermanos … Pero tengo un perro. Mi perro se llama Copito y tiene tres años. También tenemos peces. Y tú, ¿tienes mascotas?	Antworte, dass du keine Geschwister hast, aber einen Hund. Dein Hund heißt Copito und ist drei Jahre alt. Außerdem habt ihr Fische. Frage, ob dein Gegenüber Haustiere hat.
Antworte, dass du zwei Katzen hast, Minino und Pololo.	Sí, tengo dos gatos, Minino y Pololo.
¡Qué bien!	Sage, dass du das toll findest.

Capítulo 3

Sofia necesita muchas cosas para el colegio.

A: Sofia	B: Vendedor (Verkäufer)
Du betrittst ein Schreibwarengeschäft, grüßt und zählst dem Verkäufer drei Dinge auf, die du für die Schule brauchst.	Buenas tardes. Necesito … , … y … para el cole.
¿Tienes una lista de las cosas?	Du fragst, ob Sofia eine Liste mit den Sachen für die Schule dabei hat.
Du besitzt zwar eine Liste, hast sie aber zuhause vergessen. Du merkst an, dass du noch neu hier bist.	Sí, tengo una lista, pero está en casa. Soy nueva aquí.
¿También necesitas … ?	Du fragst nach, ob Sofia noch etwas anderes braucht (nenne einen weiteren Gegenstand).
Das brauchst du zwar nicht, aber du suchst etwas anderes – nenne es.	No, no necesito … . Pero busco … .
Los libros y los cuadernos están aquí, el resto a la derecha. ¿Qué más?	Du sagst, dass Bücher und Hefte direkt bei euch liegen, alles übrige (el resto) rechts davon. Frage, was sie noch braucht.
Du siehst einen besonders schönen Tintenkiller bei den Füllern, den sich der Verkäufer anschauen soll.	Mira, el borratintas cerca de las plumas. ¡Qué bonito!
¿Dónde está?	Du fragst nach, wo dieser sich befindet.
Du gibst an, dass er sich links von den Radiergummis befindet. Aber du hast schon einen Tintenkiller zuhause.	Está a la izquierda de las gomas de borrar. Pero ya tengo un borratintas en casa.
4 Euros, por favor.	Dann macht das 4 Euro.
Du bedankst und verabschiedest dich.	Gracias. ¡Adiós!
¡Hasta pronto!	Du verabschiedest deine Kundin ebenfalls bis zu ihrem nächsten Besuch.

T Tándem

Capítulo 4

Daniel y Sofia quieren encontrar un compañero para su perro Speedy. Hablan sobre las mascotas diferentes.

A	B
Erzähle Sofia, dass Speedy einen Kameraden braucht (necesita). Schlage vor, ein kleines und fröhliches Haustier zu suchen.	Speedy necesita un compañero. ¿Por qué no buscamos una mascota pequeña y alegre?
Tengo una idea: ¿Por qué no compramos un conejo? Los conejos son pequeños y geniales para la casa.	Sag, dass du eine Idee hast, und schlage vor, ein Kaninchen zu kaufen. Sage, dass Kaninchen klein und genial für zu Hause sind.
Antworte, dass Kaninchen langweilig sind und dass du ein lustiges Tier suchst (busco).	Pero los conejos son aburridos. Busco un animal gracioso.
Entonces necesitamos un animal gracioso … ¡por ejemplo un ratón!	Wiederhole, dass ihr also ein witziges Tier braucht (necesitamos), und schlage zum Beispiel eine Maus vor.
Lehne den Vorschlag ab, weil du Mäuse auch langweilig findest. Schlage eine Katze vor und erkläre, dass Katzen süß und liebevoll sind.	No, los ratones también son aburridos. ¿Qué tal un gato? Los gatos son dulces y cariñosos.
Pero los gatos y los perros no son muy amigos …	Gib zu bedenken, dass Katzen und Hunde keine guten Freunde sind (no ser muy amigos).
Sag, dass sie Recht hat, und dass es schwierig ist.	Tienes razón. ¡Es difícil …!
¿Qué tal un/una _____? Los/las … son …	Nenne eine Idee für ein Haustier und begründe deinen Vorschlag.
Antworte auf Sofias Vorschlag.	…

76 setenta y seis

Capítulo 5

Llamas a tu amigo/a por teléfono para quedar y hacer algo juntos.

A	B
Du meldest dich am Telefon.	¿Diga ?
Hola …, ¿qué tal? ¿Qué haces?	Du begrüßt deine/n Freund/in und fragst, wie es ihm / ihr geht und was er / sie macht.
Du sagst, dass es dir gut geht und dass du Hausaufgaben machst und dich ein wenig langweilst.	Bien. Hago los deberes, pero estoy un poco aburrido/a.
Tengo una idea. ¿Por qué no quedamos en el polideportivo?	Du sagst, dass du eine Idee hast, und schlägst vor, euch in der Sportanlage zu treffen.
Du findest die Idee super, sagst aber, dass du nicht kannst. Du hast nämlich viele Hausaufgaben. Du schlägst vor, euch morgen zu treffen und in die Eisdiele zu gehen.	Es una idea genial, pero no puedo. Es que tengo muchos deberes. ¿Por qué no quedamos mañana y vamos a la heladería?
¡Guay! ¿A qué hora quedamos?	Du sagst, dass dir die Idee sehr gefällt, und fragst, um wie viel Uhr ihr euch trefft.
Du fragst, ob dein/e Freund/in um 15 Uhr kann.	¿Puedes a las tres de la tarde?
Lo siento, pero a esa hora no puedo. Mañana estoy en el insti(tuto) hasta las tres. ¿Puedes a las cuatro?	Du antwortest, dass es dir Leid tut, aber du kannst um diese Uhrzeit nicht. Du bist morgen bis 15 Uhr in der Schule. Du fragst, ob dein/e Freund/in um 16 Uhr kann.
Du sagst, dass es dir um 16 Uhr sehr gut passt und verabschiedest dich.	¡A las cuatro es perfecto! Entonces hasta mañana.
Muy bien. Adiós / Hasta mañana.	Du findest das super und verabschiedest dich ebenfalls.

Tándem

Capítulo 6

Estáis en la fiesta de los mellizos.

A	B
Du begrüßt dein Gegenüber und fragst, wie es ihm/ihr geht.	Hola, ¿qué tal?
Hola, genial. La fiesta mola, ¿no?	Du grüßt und sagst, dass es dir sehr gut geht. Du sagst, dass die Party toll ist.
Du stimmst zu und fragst, wo Álvaro und María sind.	Sí, mola mucho. Oye, ¿dónde están Álvaro y María?
Mira, están bailando. Pero a mí no me gusta esta canción.	Du sagst, dass sie gerade tanzen, aber dass dir das Lied nicht gefällt.
Dir gefällt es auch nicht. Du fragst, ob Pablo auch kommt.	A mí tampoco. ¿Pablo también viene?
Ya está aquí. Daniel le está enseñando su nueva habitación a Pablo.	Du sagst, dass er schon da ist und dass Daniel ihm gerade sein neues Zimmer zeigt.
Du sagst, dass dir sein neues Zimmer sehr gefällt.	Su nueva habitación me gusta mucho.
Sí, a mí también. Oye, el doce de enero es la fiesta de mi cumple/el doce de enero celebro mi cumple. ¿Quieres venir?	Du stimmst zu. Du sagst, dass du am 12. Januar deinen Geburtstag feierst und fragst, ob dein Gegenüber kommen möchte.
Du nimmst die Einladung an und bedankst dich dafür. Du fragst nach der Uhrzeit der Feier.	Sí, claro. Gracias por la invitación. ¿A qué hora empieza?
Empieza a las seis y media de la tarde. ¿Tienes mi dirección?	Du sagst, dass sie um 18:30 Uhr beginnt und fragst, ob dein Gegenüber deine Adresse kennt.
Du bejahst und drückst aus, dass du dich freust.	Sí. ¡Qué guay!

Capítulo 7

¡A conjugar! En la primera parte, conjugad los verbos. En la segunda, traducid las frases al español.

A	B
Primera parte:	
María _____ (levantarse) a las 7.	María se levanta a las siete.
Después va al cuarto de baño y se ducha.	Después _____ (ir, ella) al cuarto de baño y _____ (ducharse).
Luego _____ (cepillarse) los dientes.	Luego se cepilla los dientes.
Entonces María se peina.	Entonces María _____ (peinarse).
Después _____ (ponerse) la ropa.	Después se pone la ropa.
La madre de María prepara el desayuno a las siete y cuarto.	La madre de María _____ (preparar) el desayuno a las 7.15.
María _____ (desayunar) con su familia a las 7.30.	María desayuna con su familia a las siete y media.
María come dos magdalenas y bebe un café con mucha leche.	María _____ (comer) dos magdalenas y _____ (beber) un café con mucha leche.
Después Maria _____ (ir) al cole. _____ (llegar) al cole a las 8.45.	Después María va al cole. Llega al cole a las nueve menos cuarto.
La clase empieza a las nueve y termina a las dos.	La clase _____ (empezar) a las 9 y _____ (terminar) a las 2.
Segunda parte:	
Um 14.30 Uhr isst María zu Hause Mittag.	A las dos y media María almuerza en casa.
Luego juega al baloncesto con sus amigas.	Dann spielt sie mit ihren Freundinnen Basketball.
Um 17 Uhr hat María Geigenunterricht.	A las cinco María tiene clase de violín.
María llega a casa a las seis y después hace sus deberes.	María kommt um 18 Uhr nach Hause und macht dann ihre Hausaufgaben.
Die Familie isst um 21.30 Uhr zu Abend.	La familia cena a las nueve y media.
María se acuesta a las once.	María geht um 23 Uhr schlafen.

setenta y nueve

T Tándem

Capítulo 8

Estás en una tienda de ropa y hablas con el vendedor / la vendedora. Quieres comprar dos prendas de ropa. Decide primero qué prendas quieres comprar y completa los espacios vacíos con las palabras correspondientes.

A: El / La vendedor/a	B: El / La cliente
Du begrüßt den Kunden / die Kundin und fragst, wie du ihm / ihr helfen kannst.	Buenos días, ¿en qué te puedo ayudar?
Buenos días, busco un/a/os _____ y un/a/os _____ .	Du grüßt und sagst, dass du _____ und _____ suchst.
Du zeigst darauf und sagst, dass du _____ in schwarz, blau und grün hast und sagst, dass es nur 15 € kostet.	Mira, aquí tengo _____ negros/as, azules y grises. Solo cuesta/n 15 €.
Es barato. Quiero probarme el / la / los _____ negro/a/os.	Du sagst, dass es günstig ist. Du willst den / die / das schwarze/n _____ probieren.
Du fragst nach der Größe.	Claro, ¿qué talla tienes?
Tengo la talla M.	Du sagst, dass du Größe M hast.
Du reichst es ihm / ihr in der richtigen Größe.	Aquí tienes la talla M.
Gracias. ¿Dónde están los probadores?	Du bedankst dich und fragst, wo die Umkleiden sind.
Du zeigst darauf und sagst, dass sie dort drüben sind.	Mira, están allí.
Me gusta/n.	Du probierst das Kleidungsstück an und sagst, dass es dir gefällt.
Du bestätigst, dass es ihm / ihr sehr gut steht.	Sí, te queda/n muy bien.
Ahora necesito un/a/os _____ .	Du sagst, dass du nun ein/e/n _____ brauchst.
Du bringst ihm / ihr das Gewünschte und sagst, es passe gut zu dem / der _____ .	Aquí tienes un/a/os _____ . Va/n muy bien con el / la / los _____ .

80 ochenta

A: El / La vendedor/a	B: El / La cliente
Gracias. […] Es demasiado ancho y no me gusta el color.	Du bedankst dich. Nach dem Anprobieren sagst du, dass es zu eng ist und dass dir die Farbe nicht gefällt.
Du fragst, ob ihm / ihr diese/r _____ da oder jene/r _____ gefällt.	A ver, ¿te gusta(n) ese/a/os _____ o aquel/la/los _____ ?
Quiero probarme aquel/la/los _____ . […] Me gusta. ¿Cuánto cuesta todo?	Du sagst, dass du jene _____ probieren willst. Danach sagst du, dass es dir gefällt und fragst nach dem Preis für alles.
Du sagst, dass alles zusammen 40 € kostet.	Cuesta 40 €.
Vale. Aquí tienes 40 €.	Du bist einverstanden und gibst ihm / ihr das Geld.
Du bedankst dich und verabschiedest dich.	Muchas gracias y hasta luego.
Adiós / hasta luego.	Du verabschiedest dich ebenfalls.

Tándem

Capítulo 9

Pasaste el fin de semana pasado con tu primo/a y tus padres en _____ *[ciudad]*. Hablas por teléfono con un/a compañero/a de clase.

A	B
Du begrüßt deine/n Freund/in und fragst nach seinem/ihrem Wochenende.	Hola, ¿cómo estás? ¿Qué tal tu fin de semana pasado?
¡Fue estupendo! Estuve en _____ [ciudad], hizo muy buen tiempo y estuve en la playa con mi primo/a. ¿Y tú qué hiciste?	Du sagst, dass es großartig war. Du warst in _____ [Stadt], das Wetter war toll und du warst mit deinem/r Cousin/e am Strand. Du fragst, was dein/e Freund/in gemacht hat.
Du sagst, dass es geregnet hat und du zu Hause geblieben und fast nicht ausgegangen bist. Du willst aber noch mehr über das Wochenende deines/r Freund/in erfahren.	Llovió todo el fin de semana. Así que me quedé en casa y casi no salí. Pero a ver, ¿qué hiciste todo el fin de semana en _____ ?
Pues, fui al centro histórico, vi un partido de fútbol con mi familia y comí una paella en un mercado.	Du bist in die Altstadt gegangen, hast mit deiner Familie ein Fußballspiel gesehen und hast auf einem Markt eine Paella gegessen.
Du fragst, ob dein/e Freund/in auch ein paar Sehenswürdigkeiten gesehen hat.	¿Visitaste también monumentos/atracciones turísticas?
Vi / estuve en / visité / fui a _____ y me gustó mucho. Y tú, ¿quedaste con _____ ?	Du zählst ein paar Sehenswürdigkeiten auf, die du besichtigt hast. Es hat dir sehr gefallen. Du fragst, ob er/sie sich mit seinem/ihrem Freund/seiner/ihrer Freundin _____ getroffen hat.
Ja, ihr wart im Kino und dann beim Bowling.	Sí, fuimos al cine y después fuimos a la bolera.
¿Tienes ganas de quedar el próximo fin de semana? Por ejemplo, podemos _____ .	Du schlägst vor, dass ihr nächstes Wochenende wieder etwas gemeinsam unternehmen könnt. Ihr könnt z. B. _____ .
Du findest, dass das eine tolle Idee ist, und verabschiedest dich.	¡Es una idea fantástica! Nos vemos pronto. Hasta luego.
Hasta pronto.	Du verabschiedest dich.

Mi portfolio de lenguas

Me llamo: _____

Vivo en: _____

Mi cumpleaños: _____

Mis escuelas: _____

Mis idiomas

Hablo

En mi familia hablamos:

☐ alemán   ☐ otros idiomas: _____

con mis padres hablo: _____

con mis abuelos hablo: _____

otros familiares hablan: _____

Mis amigos hablan: _____

En la escuela estudio …

	Desde el año:
	Desde el año:
	Desde el año:
	Desde el año:
	Desde el año:

ochenta y tres

P Mi portfolio de lenguas

Mis destrezas

Wenn ich Spanisch höre …
_____

Wenn ich Spanisch spreche …
_____

Wenn ich Spanisch schreibe …
_____

Wenn ich Spanisch lese …
_____

Wenn ich Spanisch übersetze …
_____

Wenn ich auf Spanisch etwas präsentiere …
_____

Wenn ich Vokabeln lerne …
_____

Wenn ich meine Fehler korrigiere …
_____

Wenn ich im Internet etwas recherchiere …
_____

Wenn ich ein spanisches Wort (online) nachschlage …
_____

Más destrezas

Mi dossier

El primer año

No.	Mi trabajo/proyecto	Solo/a	En pareja	En grupo

Mi portfolio de lenguas

Mis competencias Nivel A 1

Miteinander Sprechen

Ich kann Fragen zur Person stellen, beantworten und mich auf einfache Weise mit anderen verständigen, wenn es um mir vertraute Themen geht.

	😀	😐	☹
Ich kann jemanden zu verschiedenen Tageszeiten begrüßen und mich verabschieden.			
Ich kann einer Person Fragen zum Namen, dem Alter, dem Wohnort, den Hobbies und ihren Haustieren stellen, um sie kennenzulernen und Fragen dazu auch selbst beantworten.			
Ich kann anderen Informationen zu einer Person geben (Name, Alter, Wohnort, Hobbies, Haustiere, Aussehen, Charakter).			
Ich kann sagen, wo sich jemand oder etwas befindet.			
Ich kann über meinen Schulalltag berichten und anderen Fragen dazu stellen.			
Ich kann über meine Vorlieben und Hobbies berichten und anderen Fragen dazu stellen.			
Ich kann mich mit anderen verabreden.			
Ich kann über meinen Tagesablauf berichten und anderen Fragen dazu stellen.			
Ich kann sagen, dass ich etwas nicht verstanden habe.			
Ich kann um etwas bitten.			

Zusammenhängend Sprechen

Ich kann mich selbst beschreiben, sagen was ich tue und wo ich wohne.

	😀	😐	☹
Ich kann etwas über mich, meine Familie, meine Freundinnen und Freunde, meine Haustiere und meinen Wohnort erzählen.			
Ich kann über meinen Alltag, meinen Schulalltag, meine Hobbies und Freizeitaktivitäten sprechen.			

Ich kann in einfachen Sätzen und Wendungen über mich selbst und andere Personen schreiben.

	😀	😐	☹
Ich kann kurze Texte über mich und andere Personen schreiben (Name, Alter, Wohnort, Haustiere, Aussehen und ihren Charakter).			
Ich kann über mein Zuhause, meinen schulischen Alltag und meine Freizeitvorlieben und -aktivitäten schreiben.			
Ich kann meinen Freunden Mitteilungen schreiben.			
Ich kann schriftlich Fragen stellen und Informationen einholen.			

Ich kann sehr kurze, einfache Texte Satz für Satz lesen und verstehen, indem ich bekannte Namen, Wörter und einfachste Wendungen heraussuche und, wenn nötig, den Text mehrmals lese.

Ich kann mir bei einfacherem Informationsmaterial eine Vorstellung vom Inhalt machen, wenn ich visuelle Hilfen habe.

	😀	😐	☹
Ich kann einfache Briefe, Postkarten, E-Mails, SMS und kurze Informationstexte zu mir bekannten Themen verstehen.			
Ich kann schriftliche Arbeitsaufträge verstehen.			
Ich kann bei kurzen Geschichten, Gedichten, Zungenbrechern und Sprichworten zu mir bekannten Themen verstehen, worum es geht, wenn mir Bilder dabei helfen.			
Ich kann bei Internetseiten verstehen, worum es geht, wenn mir Bilder dabei helfen.			
Ich kann bei Plakaten, Flyern und Prospekten herausfinden, worum es geht.			

Mi portfolio de lenguas

 Ich kann andere Personen verstehen, wenn sehr langsam und sorgfältig gesprochen wird und wenn lange Pausen gemacht werden, damit ich den Sinn erfassen kann. Ich kann Anweisungen verstehen, die langsam und deutlich an mich gerichtet werden und kann kurzen, einfachen Wegbeschreibungen folgen.

	😀	😐	🙁
Ich kann verstehen, wenn mich jemand etwas zu meiner Person fragt.			
Ich kann verstehen, wenn sich jemand vorstellt.			
Ich kann Informationen zu der Position und Entfernung einer Person oder Sache verstehen.			
Ich kann Informationen zu den Freizeitaktivitäten, Vorlieben und Hobbies einer Person verstehen.			
Ich kann Fragen und Informationen zum Tagesablauf und dem schulischen Alltag verstehen.			
Ich kann Fragen und Informationen zu einem Ort (einer Stadt oder einem Dorf) verstehen.			
Ich kann verstehen, wie ich an einen bestimmten Ort komme.			
Ich kann den Preis verstehen, den mir eine Person nennt.			
Ich kann einzelne Wörter, Ausdrücke oder Sätze wiedererkennen, wenn ich Gespräche von anderen höre.			
Ich kann Arbeitsanweisungen verstehen.			
Ich kann verstehen, wenn ich im Unterricht angesprochen werde.			